U0094033

暢銷勵志心理諮商
黃德惠◎

減心念，捨得讓人生更值得

多一念痛苦負擔，不如少一念自由自在，
鬆開緊握的雙手，才明白人生中真正想留住的是什麼！

序

啟動「減法」的開關，讓人生重新開機

法鼓山創辦人聖嚴師父曾提出「心靈環保」的理念，強調貧窮與環境的問題，必須從觀念的導正做起，藉由觀念的調整和方法的練習，才能使我們身心清淨、安定，進而影響、協助他人也能平安健康。而在全球都在「節能減碳」救地球的同時，我們也該同時進行「心靈環保運動」，拯救自己因欲念過剩而日漸走樣的人生。

談到環保的概念，大家會想到減少垃圾，減低廢氣排放量，而所謂的心靈環保，其實就代表著減低自己的貪嗔癡等各種雜念，因為有所欲求，欲求不得，因此備受心靈煎熬，若是從意念即將增生的當下，或是正在擴張的同時就斷絕，那麼心靈就不必費神處理這些「意念的廢物」，反而可以把空出來的心神，投入於自己應該珍重的人事物。與其把時間耗費在和自己過不去的情緒漩渦中打轉，不如解放被綁架的心靈，讓心自由，跨越主觀的藩籬，轉而為人生創造無限的可能。

如果想回歸初心，可以啟動「減弱」自我意識的開關，讓受到我執制約的心靈，獲得釋放，不必總是因不如預期而對人生失望；此外，也可以同時啟動「減低」情緒敏感度的開關，讓無的放矢的情緒不再模糊爭吵、煩躁的核心，還能把那些嚇自己、遷怒別人的時間拿來解決眼前問題的關鍵；再者，如能「減肥」虛榮過剩的價值觀，淨化那些無限擴張的物欲，就能讓自己回歸到無處而不自得的快樂；你也可以試著打開「減輕」外人影響力的壓力閥，讓自我價值確實在生命中落實；最後，如能啟動「減緩」速成人生的重整作業，不只慢活更能享受生活，體悟值得珍藏的當下美好。

如果你感到目前的生活不合你意，試著啟動以上這些「減心念」的開關吧！把被無盡意念阻塞的人生層面一一排解疏通，心的力量才能得到釋放，帶你飛到夢想的彼岸。一個人的生命如此短暫，我們並不清楚自己何時會走到終點，因此需要將有限的時間與精力投注在真正值得自己費心經營的關係與領域，就能如實收穫想要的人生。

Chapter 1

減弱「自我」意識，放下我執心更自由。

萬事萬物皆有定時，
順應自然，放下本我，虛心接納。
不屬於你的，
即使費盡力氣、散盡千金，有一天也將離你而去，
屬於你的，
只要埋下種子，默默耕耘，早晚能歡笑收割。

Chapter 2

減低情緒「敏感度」，把爭執的時間拿來溝通。

當一個人越是放大自己失落、受傷或恐懼的情緒，
只會越顯露出其心的空洞與愛的匱乏，
讓性格的弱點無處藏身，更容易行事疏漏。
退一步，把自己的位子空出來，學會替別人設身處地著想，
就能客觀看清事實的原貌，
找到造成心中糾結的線頭，方能療癒心疾，體會海闊天空。

Chapter 3

減肥虛榮「價值觀」，看見生命中真正重要的事。

找回那個從純粹的生活就能提煉幸福的自己。
擁有只是一種表相，
人生中最難忘的時光，往往是一無所有的兒時光陰。
蹲下來，用孩子的眼光看世界，
原來我們即使渺小，依然擁有一席之地，
即使不懂世俗依舊富足。

Chapter 4

減輕「外人」影響力，回歸內在自我與生命的對話。

別人不過是我們人生的其中一面鏡子，
不必過度自負，
也無須過度倚賴，
每個人都有自己與生俱來的使命，
唯有你是最了解自己的伯樂。

Chapter 5

減緩「速成人生」刺激感，體悟值得珍藏的片刻美好。

生命如此短暫，我們永遠不會知道自己何時會到終點站，與其永遠寄望未來的成果，不如用心過好每一天。「慢下來」的時光，可以讓你的心靈和身體合拍，聽見心中的共鳴，就知道今天的人生豐收或遺落了什麼，清楚地覺知自己的下一步該往哪裡走。

萬事萬物皆有定時，
順應自然，放下本我，虛心接納。
不屬於你的，
即使費盡力氣、散盡千金，有一天也將離你而去，
屬於你的，
只要埋下種子，默默耕耘，早晚能歡笑收割。

Chapter 1

減弱「自我」意識，放下我執心更自由。

自然才是美 v.s. 因不完美而煎熬

「完美不是做非凡的事，而是將平凡的事做得非凡的好。」

——瑪麗・阿爾諾（Angelique Arnauld）

古代儒家的文雅之士經常用玉來比喻品德高尚的人，因此華人的文化中一直有收藏玉珮的習慣，或是將其當成一種藝術投資。日本甚至將玉當成「國石」一樣的聖物，可見得美玉在世人心中的地位。

在玉的等級中，是以「無瑕」的程度作為是否名貴的評鑑標準，即使如此，如果真遇到一塊無瑕的美玉，專業的鑑賞家依舊會用電子儀器再三檢視，深怕不過是由「玉粉」加工後的零汙點美玉，畢竟純然無瑕的美玉是如此罕見稀有，怎麼知道自己是不是「視玉不清」而高價收購，最後卻栽跟斗呢？

視人也是如此。在這個世界上，沒有絕對完美的人事物，因為每個人都有其優缺，才能截長補短、互助合作。一個自視完美的人，往往讓人感到可遠觀而不可褻玩焉，容易讓人心生距離感。與其要求自己待人處事面面俱到，不如盡力而為，以最真誠的面貌與人來往，才能真正的深交，情誼也更可長可久。

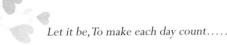

不過分要求自己，就不會激生執著心

曉曉是一位非常優秀的女孩，自小就有一雙水汪汪的大眼睛，惹人憐愛，人緣甚好。雖然稱不上是校花，不過在學生時代，也有不少男生偷偷暗戀她。但是在大家最無憂無慮的學生時期，曉曉卻過得一點也不開心，因為她對自己嬌小的身材一直耿耿於懷。曉曉總想：我長得還算可愛，身材也很勻稱，若是長高一點，不就可以順心遂意地去考空姐了嗎？或是有機會成為一位模特兒，可以藉著到各國走秀滿足愛旅遊的心。就是因為我太矮了，所以再怎麼努力也不可能達成夢想！

確實，曉曉的身高只有一百五十一公分，如果在鬧區的街頭被人群擋住，的確很容易被忽略。為此，曉曉的內心深處非常自卑，她總是幻想著自己如果能夠再長高一點兒，這樣人生就更完美了。在此心結下，某次看到購物台在賣號稱神奇的增高藥，曉曉竟然鬼迷心竅似地花了一大筆零用錢買下來路不明的成藥。

開始服藥的頭幾天，曉曉還真的感受到背部若有似無地發熱，夜晚還因此睡不安穩，沒想到才服藥不滿一周，還在學校上課的她就因腹部異常絞痛而站不直身，被同學送到急診室，才發現自己因為亂服藥而得了急性腎結石，不只長高的夢破碎了，也讓身體的排毒功能產生不可逆的損傷。

在醫生的追問之下，曉曉才說出了真相，同學們聽了不由得瞠目結舌。

有位來探病的男同學紅著臉對曉曉說：「在我心裡，你不只是我們班上成績名列前茅的女生，而且總是樂於助人、非常善良，人緣甚至好到我常常和你說不上幾句話，我實在想不通你有什麼自卑的理由？」

另一位個子較高又長相清秀的女同學說：「是啊！你想長高，我還想縮水呢！像我超過一百七十公分，儘管看起來很高䠷，也常常成為眾人的焦點，卻很難找對象。

哪像你，想穿多高的高跟鞋，男朋友也管不著，而且男孩子最喜歡小鳥依人的女生了，哪像我看起來這麼有『壓迫感』啊！」

曉曉聽了同學們左一句不解、右一句的不捨，不由得暗白後悔，不論自己到底是高是矮，關心他的朋友還是會常伴左右，為了長高的夢，差點枉送生命，世界上哪有什麼事比擁有一個健康的身體，並結識認可自己的摯友更重要的事呢？

從此以後，曉曉的自卑情結自然而然地治癒了，她終於明白：人生真正可貴的，不是外在的價值，而是無論你是什麼樣的人，都能結識能夠真正了解自己的對象。除非你不夠看重自己，否則有誰會看輕你呢？

遺忘那些「不合人性」的標準

或許你會像那群同學一樣覺得曉曉真的很傻。但我們每個人其實或多或少都有落入這種「外在標準」的死胡同的時候。

就像公司裡嚷嚷著要節食的常常是那個長得最瘦的女生，原本只是希望自己看起

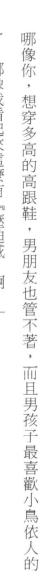

來更「接近」名模的夢幻身材，結果反而讓身材豐腴的女同事聽得刺耳，覺得她太做作！或是，有些人一味地追求白皙的皮膚，常常擺出一副「見光死」的樣子，反而讓那些陽光男孩望之卻步。

其實，假如每個人都能像父母對待孩子一樣來看待自身的優缺，就會多一些寬容。因為在這個世界上，每個孩子對父母而言都是獨一無二的，所以，就算孩子大考落榜，甚至一時找不到工作閒賦在家，父母也會睜一隻眼、閉一隻眼，用最大的耐心包容孩子一時的不順遂，因為父母永遠會相信自己辛苦養育的孩子有一天一定能出人頭地。

所以，我們也應該像父母一般，對自己偶爾「睜一隻眼，閉一隻眼」，別稍不如意，就用苛刻的標準打擊自己的自尊心，加深心中的恐懼。不如拋開過度批判自我的我執之念，對曾經努力過的自己表達讚許，不滿意的部分，就作為下次成長的動能與依歸。世界萬物因彼此差異而豐富，更有其可看性；每個人都難免有性格陰影，才更需要覺察內心，因此看見蘊藏無限的潛能正等著自己去開啟封印。

如果你曾因為「一時對完美的堅持」讓內心深受其苦，下次，不妨坦然面對，你會發現自己更容易回歸理性，看清事實，不會因為過度的貶抑而讓問題失焦，失去信心釀成大錯。當一個人更貼近真實的自己，就能吸引到真正屬於他的朋友，各階段無可比擬的情誼，就是生命中最美好的回憶。

Release your Stress

★捫心自問：「我對自己有哪些超乎常理的要求？」

★想一想：「沒達到這要求，會對我的人生造成重大衝擊嗎？」

★告訴自己：「沒關係，了解失敗的原因，下次我就知道如何試著克服了。」

打開胸懷 v.s. 防衛心重

「世界最廣闊的是天空，比天空更廣闊的是人的心靈。」

——維克多・雨果（Victor-Marie Hugo）

因為各種機緣，每一天我們都有機會遇見各種類型的陌生人，有些人每天都出現在我們生活中，卻不見得能走進自己心底；有些人即使只是偶然遇見，交談的時光卻讓人感覺過得特別快。想想，當你遇到一個陌生人時，無論他是客戶、合作廠商、姐妹淘的朋友、家人的同窗，你的第一印象是友善的比較多？亦或覺得別人多是帶有目的才與你交往的比較多？

如果你覺得人與人的關係多是建立在「互惠」的基礎上，再深入想想：我是從幾何時有這樣的感受？

這可以幫助你了解自己：與人交往時，我是緊閉心門，還是打開心房？

美國《神經元》雜誌曾在一項實驗中研究發現：勢利其實不是社會演化的結果，而是人類與生俱來的心理。研究發現當我們遇見比自己更具社會優勢的對象或是得知別人正在評價我們時，腦中有個特別的領域就會啟動評價系統。

但近期加拿大和美國的聯合研究機構也指出，社會地位越高者，也就是高學歷、高收入者通常比社會地位相對較低的群眾更難理解他人的情緒，因此在人際關係中存在著更多難以言喻的障礙。

雖然我們天生都有評價他人的心理機制，但如果總是自認身處較具社會優勢的一端，反而會阻礙人際發展，進而讓人生受限。

既然如此，何不在察覺自己又再「評論」他人時，先暫時拋開你的社會面具，用最自在友善的一面與人交往，反而能看見眼前人「真實的模樣」。因為不受到任何社會標竿的左右，所以遇見任何人更能坦然以對、侃侃而談。

多數人在你眼中是有缺陷的？或是值得認識的？

某次機緣下，有位記者去採訪兩位非常有名氣的畫家，請他們談談自己如何從最平凡的事物中，洞悉美感的存在，從而為世人創造出藝術的價值。

第一位畫家回答：「恕我實話實說，我一直覺得非常遺憾。這麼多年來，儘管我不遠萬里，去過世界上很多地方，跋山涉水，歷盡千辛萬苦，幾乎找遍了天涯海角，然而，我未曾找到世界上真正完美到令我有衝動想要立即畫下來的人事物或景色。」

畫家說完後，沉思片刻，又接著對記者說：「在每種景物或人物身上，我往往會發現或大或小的瑕疵，令我萬分沮喪。你想，那些充滿缺陷的事物如何能夠成為一幅舉世無雙畫作的元素呢？」畫家連連搖頭表現自己的無奈。

因為未能得到原先想要的答案，記者採訪完後又針對這位畫家過往的背景做了功課，發現這位畫家雖然曾在藝壇上大放異彩，但近期的作品不僅銳減，甚至有評論家認為他的畫作不過是在追求繪畫技法上的突破，反而失去了原有的生命力，越來越無法觸動人心。

記者心想：或許是藝術家的性格使然，對構圖的物件必須要具備一些不可逾越的標準，才能打造出心目中最好的作品。

但當記者訪問另一位畫家後，他卻大大地改觀了。

面對記者同樣的提問，另一位畫家神情愉悅地分享心得：「其實我只是一個普通人，不過比較擅長繪畫而已。我從來沒有把自己當成是一位藝術家，更未曾去國外追尋所謂的靈感，我每天都過著最平凡不過的生活，和大多數人一樣，每天都有喜怒哀樂的經歷。不過，在生命的片刻，我總驚喜地發現每一種景物與人物都是獨一無二的存在，稍縱即逝，因此我總有股想要趕快繪製下來的衝動，深怕一錯過，許多景象將不復存在。

如果遇到我想繪製的對象，我會先和他們聊聊過去的經歷、生命的故事，穿透他們的內在，讓我能將這些人真實的生命之美栩栩如生地呈現。

所以與其說我具備一雙發現美感的雙眼，不如說我很感謝生命中遇到的每一個片刻，以及其中發生的情境、遇見的人事，為了賣力呈現出這些帶給我截然不同感受的事物，才能讓我的畫功一再進階，我才有今天。」訪問完，畫家還和記者互留聯絡方式，給人非常可親之感。

事後，記者同樣對這位畫家進行了查證的工作。果然發現，這位本土畫家雖然未曾喝過洋墨水，但卻在國際畫展上頻頻獲獎。

想想自己，如果你是一位欲在生命畫布上揮灑才華的畫家，面對人事物，你是抱持著前者畫家的挑剔眼光，還是後者畫家的欣賞眼光？

如果你覺得自己正卡在人生的瓶頸上，或總感到時不我予，或許放掉一些「自我」的防備，可以更開心地度過每一天，並且從中看到許多對自己頗有助益的事物。只要你願意打開心，每一天都必定有新的收穫。

與不同與己的人交流分享

美國肢體語言專家伍德（Patti Wood）曾從女人拿包包的姿勢，統計出以下結論：習慣用手拿包包的女人內心比較害羞，相對而言也比較具有防衛心。像學生般習慣斜背包的女人，想法通常比較接近年輕人；而喜愛緊抱著包包的女人，代表她在意裡面裝的東西勝過包包本身，這種人比較有目標、行動力也很強。

愛手提包包的女人，可能是因為包包很重，多以商場上的女強人為主；像貴婦般愛挽著包包的女人，通常都愛拿象徵地位的名牌包，她們喜愛彰顯權力，自認高人一等；而不拿包包的女性，可能有男朋友、助理幫忙提，她們通常嬌貴、有公主病；最後，提著大包小包像挑夫一樣，是背是提無所謂，只要拿得動就好的女人，這類型的女性通常又忙又累，比較勞碌命。

年紀漸長，根據過往的經驗我們會逐漸形成一套思考的標準與邏輯，但如果這些原則沒有為你帶來更開闊、更快樂的人生，反而因這些準則煎熬痛苦、裹足不前，或許你應該思考，這些標準實際上是否有存在的必要？

社會歷練越多，越能清楚地體認到：沒有人是一座孤島。我們無法憑藉著一己之力，在社會上生存，如果不懂得與人分享，不願意與人交往，漸漸地，你的世界中只會剩下同質性非常高的朋友，或許他們是最了解你的人，卻未必是對你人生最有助益的人。

　減少心中那些無謂的人際交往準則，反而能讓你在面對陌生人時更有自信，因為基於信任自己、信任他人的心理，不只可以讓你認識到更多原本眼界以外的人，而這些人或許就是打開你受限人生的一扇不可或缺的窗。

Release your Stress

★你喜歡認識和自己有相近特質的朋友，或是不同特質的朋友？

★和自己溝通：「爲什麼我會有這些交友的標準呢？」

★告訴自己：「不論遇上什麼樣的人，身上必定有值得令我學習的地方。」

放下本我 v.s. 自尊至上

「放下自尊，承認錯誤，這不叫放棄，而叫成長。」

——英國名諺

你是否也如此感受到，在人際交往的過程中，真誠的人往往讓人感到如沐春風，而帶著面具的人則讓人感到多花一些時間交談只會徒增疲累，甚至心生厭惡。其實，真正自信的人、有實力的人往往比較隨和，只有虛有其表的人才會刻意偽裝自己，端起一副架子，用各種附加的頭銜、身價，希望獲得別人的看重。這不只會讓對方感到很有距離，其實愛端架子的人更累。所以，要想讓自己活得更輕鬆自在，只要放下那些未必能代表真實的你的「頭銜」。

就像我們在一些公關的場合，總是慣於拿出名片與人交往，覺得這些名片就代表了「自己」，事實上，如果失去了名片上的社會地位，仍然能夠與人侃侃而談、自然交流以致讓人心生親近的人，才是真心與人交往的人。

下一次，不妨試試別帶名片，不提及頭銜，只用真心傾聽別人的需求，發自內心地與人分享，這會讓你感受到原來「認識新朋友」並不是一件這麼累的事。你們只是偶然機會下相遇的人，用真心交流，獲得真情回饋足矣，其他的，就交給緣分，不必冀求，放下目的性，才能真正打動對方的心。

蹲下來看天際，視線更寬廣

湯瑪斯．傑弗遜（Thomas Jefferson）是美國第三任總統，他曾經說過：「每個人都是你的老師。」

一七四三年，傑弗遜出生在一個非常富裕的家庭裡。他的母親是名門望族，他的父親則是一名軍官，因此，不論是教育程度或家庭背景，他都算是出身上流社會。即使如此，傑弗遜卻待人謙和，總是和家中的傭人、園丁、餐廳裡的服務生們愉快相處、相談甚歡，根本不受當時講究階級的社會風氣影響。

因為這個時代的貴族除了愛發號施令之外，幾乎從來不與平民交談，而傑弗遜之所以這樣做，是為了深入了解民生疾苦。

有一次，他曾經告訴法國名將拉法耶特侯爵（Marquis de Lafayette）：「你必須像我一樣到普通的民眾家裡去坐一坐，親眼看一看他們的三餐，親口嘗一嘗他們吃的麵包。只有這樣，你才能真正理解他們為什麼不滿，從而了解正在醞釀中的法國革命的深刻意義。」

貴為美國總統後，傑弗遜依舊習慣放下「身分」，融入普通民眾的生活。正是因為如此，他才能夠寫出以人民福祉為依歸的《獨立宣言》，造福於民。

試想，如果貴為萬民之上的傑弗遜總統都能夠放下身段與百姓交往，我們何必執拗於一時的「頭銜」所限，一個沒有身分背景、沒有架子，卻依舊能受人敬愛的人，或許正證明了他的重要。

事實上，有時候過度「看重自我」原本的地位，反而會讓人生難以進階。

自尊心會不會過盛，從家庭教育看起

曾有位無助的媽媽問我：「我不知道我兒子是追求完美還是抗壓性太低，總之我認為這是個不小的問題。前兩天，他畫了輛小汽車，自己非常不滿意，用橡皮擦擦了一遍又一遍，重畫還是不滿意，最後淚汪汪地說：『我再也不畫畫了！』其實諸如此類的情況常常上演，原本興致高昂地去做一些事，最後卻因為不如預期就放棄了，我真擔心這孩子以後一事無成……」

其實每個孩子都有他的優點，孩子願意去學習，努力去學習，這就是他的優點。但是孩子的自尊心太強，忍耐挫折的能力太低，待長大成人後，的確會帶來一些心理問題。不過這主要還是和父母的教育有關。

這類孩子的父母多是從小就給予了各種生活守則，讓他們自幼開始就覺得一定要達到某些標準，才能得到父母的喜愛。

漸漸地，這類孩子會對每件事都立下一個「我應該可以做到」的標竿，但他們卻不會體認到自己這樣的「設定」是否合理？就像父母對孩子的要求是否有經過適性考量或量身打造？還是只是為了滿足自己的期望，卻從未把孩子的感受放在心上？

如果父母規矩太多，矯枉過正的結果，會讓孩子失去「嘗試」的樂趣與「接受挫折」的耐性，所以在孩子成長的時期，如何扮演一個「用情感輔助成長」的角色，而不是揠苗助長的方式，真正體察孩子的心聲，了解孩子的優勢與劣勢，才不會培養出一個虛張聲勢實則容易失望逃避的孩子。

藉此，我們也可以檢視自己過往的成長經歷，是否曾遇過類似的事件？或是自己是否常常會有遇到發展或環境不如預期就乾脆自暴自棄的心理，這都可以透過覺察，減免往日對自己過度的「要求」。

如同前面曾提過的，把自己當成一個孩子，用正確的方式重新引導自己，當你學會了如何適時打開這個抒壓閥，先跨過了自己與自己過不去的那一關，等安撫好脆弱的心，回過頭再看看還有什麼努力的契機，才能逐漸培養出真正的挫折忍耐力，找到不卑不亢、安然自適的那個自己。

誰說人生不能重來？從現在這一刻起，你可以挽救那個深陷過往陋習不可自拔的自己。

如果你常常覺得，為什麼想與此人更進一步交流，但對方卻看起來興趣缺缺或心存防備時，透過這樣的投射，你應回過頭想一想：我是不是有時難免也會露出這種態度呢？為什麼我要如此保護自己，這對我有什麼實際的助益嗎？如此受限的想法如果反而限制自己交友的領域，那麼何不放下所謂的「矜持」交朋友，你會發現多數人其實都和你一樣，抱持著善意，並無惡意。人生情感關係的曙光，有時候必須靠自己去追尋。

Release your Stress

★試問自己：「拿掉頭銜，我會如何向別人自我介紹？」

★不論自己表達如何，別人反應如何，只要你本著善念，就不會出錯。

★沒有了頭銜、身份的壓力，真實的自己其實擁有無限的可塑性。

擁抱自由 v.s. 自我設限

「自由什麼也不是。只有成為自由，才能至高無上。」

——約翰．戈特利布．費希特（Johann Gottlieb Fichte）

常聽人言：「人是感情動物。」不過，正是因為情緒的左右與局限，因此耽誤了人生許多寶貴的時光，甚至做出理智的自己也難以理解的傻事。

就像有些人會為了愛情放棄尊嚴，甚至對其它人生層面撒手不管，這是愛情的無奈，這種無奈卻是出自自己的選擇。實際上，愛情中那朵含苞待放的奇花，只需要剎那間的綻放，就能夠成就永遠的輝煌，何必執拗於一時的占有？雖然人人都知道愛情應該建立在平等和互相尊重的基礎上，但是，能真正做到的人卻是少之又少，如何知道自己的付出是否能讓心靈富足，或是早就超出心靈負荷？

試著傾聽你的心：如果這種付出是一種甜美的收穫，那麼儘量飲用香醇的美酒無妨；若是這種犧牲是一種痛苦的煎熬，那麼這杯烈酒不只會讓你識人不清，更會讓你飽受身心殘害，更甚者毀棄人生。

真的愛你，才會放手讓你自由

小雪和正峰從大學時代就開始交往，還在交往初期時，小雪就發現正峰的佔有欲超乎尋常，不僅不允許她和別的男同學說話，而且，總是喜歡對小雪的交友情況連聲追問。當時，小雪一直覺得這是因為正峰太在乎自己，而且他總是體貼地無可挑剔，所以就沒把這踩線犯規的佔有欲放在心上。

等到兩人雙雙出社會後，小雪認為正峰會將絕大部分的精力放在衝刺工作，定會轉移對她的注意力，沒想到，在得知小雪順利找到工作後，正峰的吃醋更變本加厲。

每天正峰都會分別在上班前、午休時、下班後定時播三通電話，以關心為名確認小雪的行蹤。假如小雪沒有在預定的時間裡回到家，就會看見手機不斷傳來正峰急電的訊息，每每接起電話就連聲追問，漸漸地，小雪對於正峰這種「關心」的方式越來越感冒，但兩人交往久了，畢竟有一定的感情，也不是說放棄就能輕易放手的。

有一次，小雪和幾個同事聚餐後又去KTV唱歌，正峰居然在未告知小雪的情況下，就「偶然」出現在KTV的包廂外，嘴上雖說是擔心小雪回家太晚沒人接送，實則為了就近監視，此舉讓她顏面盡失。儘管在小雪的強烈抗議之下，正峰也允諾下不為例，但一個月後的聚會中，陳峰又故技重施。小雪感到自己為了這段感情似乎已經失去了人生的自由，她不願意讓後半輩子生活在這種束縛之中，於是她堅定不移地向正峰提出了分手。雖然正峰苦苦挽留，但是小雪卻毅然決然地離開了。

沒想到，分手才是惡夢的開始。在分手之後，正峰三番兩次到公司大門口等她下班，並且還用半哀求又半威脅的語氣要脅小雪假如堅決要離開他，就會做出讓她後悔一生的事！

小雪在不堪其擾之下，精神壓力日漸緊繃，於是決定先暫時放下台灣的一切，出國留學。在小雪抵達英國的兩個月後，就輾轉聽聞正峰罹患重度憂鬱症的消息。但她也無力顧及，只能選擇擁抱自由，因為無法自由呼吸的人生，她一天都過不下去。

人世間最執著的、最難捨棄的莫過於愛情。但兩個獨立的個體若是過度依賴，就會變成一種病態的依戀，將兩個人的世界限縮成一個人的世界，自然感到喘不過氣。所以，面對感情，該放手時就放手，千萬不要執著於往日的付出，甚至不必過分在意「看不見的永恆」。當你開始思考、計較這些與現在感情無所助益的事情，就會讓愛情的天秤開始偏斜，直到讓另一個人摔落而選擇離開。

有些人常會抱怨感情、婚姻、家庭是一種束縛，讓自己失去了追求其他事物的動力。其實，這都是個人的託辭，因為自由是一種相對關係。只有你不過分在關係中設限，當你給別人充分的自由時，你自己才能夠得到全然的自由。

你小時候的想像力到哪裡去了？

我曾在某份報章雜誌上看到一則可愛的童言童語，憶及內容大致如下：

一位母親說：「晚上上床後，我發現五歲的兒子用被單遮住耳朵，我猜想大概有蚊子的吵雜聲讓他無法入睡。我半開玩笑地問他．『偉偉，蚊子在跟你說什麼呢？』

他說：『蚊子問我，可不可以把我們家的電蚊香關掉！』

第二天晚上，他又用背單蓋住耳朵，我問他．『今天蚊子又跟你說了什麼？』

他回答說：『蚊子問我，我今天可不可以住你們家？』」

我們常常會從純真無邪的孩子身上聽見許多異想天開的話，雖然大多被歸類為童言童語，但不可諱言的，有時候孩子的想像力的確超出大人的創造力，甚至比起成年人，更願意為了「享受樂趣的過程」去做一些事情而樂此不疲，但大人卻會用邏輯與經驗評估「這做得到」或「這做不到」。或許提高了「功效」，卻失去了許多體驗冒險的機會，因為創造力往往就潛藏在這些原先被認知為「不可行」的事物之中。

就某種意義而言，我們的生活經驗反而變成了一把枷鎖，鎖住了人們原本自由翱翔的心靈。所以，假如你能夠打破心靈的枷鎖，偶爾放下那些「既有的認知」，別總是用黑白分明的極端判別法來決定事物的可行性，其中的模糊地帶就是你值得探索的領域，今日的世界已證明過往「不可能的任務」都已成為便捷生活的科技，如果你總是將「不可能」放在心上，你永遠都只能成為跟隨時代腳步的人；如果你能將某些「有可能成功的事物」付諸實行，你就有機會站在浪頭上，創造出屬於自己的時代，賈伯斯的蘋果傳奇不就是這樣寫下的嗎？

在常軌的生活中，試著擁抱自由的可能性可以讓自己保有冒險挑戰的心靈，面對充滿變化的每一天，你也能甘之如飴。因為你知道，你已成功逃脫人生中最大敵人的手掌心，就是那個被遠遠拋在後頭的往日的自己。

Release your Stress

★ 當你想告訴自己夢想不可行時，與其挫敗自己，不如想想如何增加可行性。

★ 如果一段關係讓你又受限又不快樂，抽離一段時間，適合與否的答案將呼之欲出。

★ 告訴自己：「即使人生變化無常，但這變動只會幫助我成爲更好的人。」

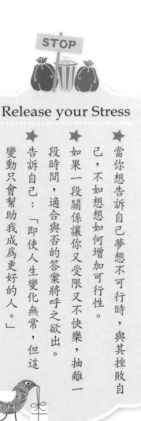

真理不言自明 v.s. 被指責急於辯解

「走自己的路，讓別人去說吧！」

——但丁・阿利吉耶里（Dante Alighieri）

就算是行事極其小心謹慎之人，也難免會有遭受誤解的時候。不過，面對被誤解的當下反應，不只代表了一個人的修養，更代表他未來成長的潛能。

想一想，當你遭人誤解之時，是急著為自己辯解，還是一笑置之呢？

相信我們絕大多數人都會採取前者的行為，畢竟怎麼能讓自己蒙受不白之冤呢？不過，一旦你選擇了努力辯白，有時候無端的好勝心反而會讓錯誤的焦點更加偏離，情緒化的解釋只會讓對方直覺感受到：你是一個不願意坦誠面對自己錯誤的人，也不願意接納任何建言。

當溝通一旦落入這樣的雞同鴨講中，真相往往就不是那麼重要了。因為彼此隨之而來的攻擊話語，不僅無法傾聽清楚別人話中的涵義，非要爭個誰是誰非的態度更難釐清原本的問題。

既然已經受人指責，就意味著其中有可能是誤解，那麼，最好的方式就是坦然接受，有則改之，無則加勉。

其實你只要明白一個道理：真理不言自明，時間會證明一切。

不過，只要自己率先展現出接納對方的建議或批評的態度，退一步營造的轉圜空間，反而可以讓兩人將問題的本質看得更清楚。

畢竟人非完人，每個人都有不小心犯錯的時候，如果凡事都建立在「我不可能會出錯」這樣的心念上，只會讓大家對你退避三舍。久而久之，願意坦誠以對的朋友不見了，你的盲點也將無人指正，雖然你暫時保護了自己，一段時間之後，除非你的自省能力非常強，否則只會失去讓自己修正的機會，或是失去了願意對你說真話的同伴，無疑對人生造成更大的損失。

直接承認過錯，尋求成長的可能

藝術家常常會遇到自己的創作美感與客戶需求難以妥協的時候，這時，如果過於強調個人特色，或許維護了獨特的創作理念，卻可能失去了一群客戶。如果夢想沒有麵包的支持，藝術之路也將走得舉步維艱。因此，現在有許多藝術家會試著去學習藝術管理與行銷的課程，除了才華之外，學會如何推廣、如何維持與客戶的關係，才是讓夢想生根的長久之計。

不只是初出社會的藝術創作者會遇到這種困境，就算是如同費迪南德．霍德勒（Ferdinand Hodler）如此大名鼎鼎的瑞士畫家為了說服自己的客戶，也不得不學會以退為進的溝通手腕，先求讓作品有入世曝光的機會，才有可能被懂得欣賞的人看見。

在卡內基的訓練課程中，費迪南德曾向學員分享自己的經驗：「不論對於廣告商或出版商的需求，你必須認真且精確地掌握，才能得到合作的機會。但是，為了考驗你的能耐，有些編輯會要求你按照他的需求即興創作，在這樣的壓力下，即使再天賦異稟的藝術家都有可能出錯。

我曾遇過一位極其吹毛求疵的編輯。過去，每當他開始評論我的畫作時，我就會找藉口離開他的辦公室，因為我認為他在侮辱一位藝術家的價值。我以為藉著採取這種方式，可以減輕彼此衝突的力道。不過，少了對話的機會，他的標準對我而言卻也變得更模糊了。後來，即使合作的頻率減少了，他的評論卻一直讓我耿耿於懷。

不過，當我上完卡內基的溝通課程後，我學會了一套截然不同的應對技巧。

某次，有件時間急迫的案子，這位編輯又找上了我，待我送交作品到他的辦公室時，我看到他皺起了眉頭，口中還念念有詞：『這與我所想的完全不同……我真不懂……』我知道接下來會有一段不算愉快的對話，但我不想再逃避。

於是，我利用培訓課程中學到的『自我批評』法，帶著歉疚的神情說：『先生，假如這幅畫誠如您所言，我畫得不符合您的標準，那麼，我沒有任何理由為自己辯護，我承認自己的錯誤。就這麼長期的合作經驗而言，這種錯誤根本不容發生，此次有負您的請託，我感到非常內疚。』

聽完我的這番話，他的表情馬上明顯地軟化了，甚至開始替我開罪：『其實，您的確有您創作的獨到之處，嚴格來說，並不是犯了什麼嚴重的錯誤，只是……』

不過，我打斷了他的安慰，以更加誠懇的態度表示：『您原本就有權要求我畫得更好，因此無論是什麼樣的錯誤，我都難辭其咎……為了彌補您的損失，我決定不計成本重畫一幅。』雖然這是我有生以來第一次公然地批評自己，不過，這種感覺卻出乎意料之外的好極了。

沒想到，這時編輯的態度出現一百八十度的大翻轉，他急著說：『不、不，其實，我沒有那個意思。』接下來，他真誠地誇讚了我的作品，表示只是希望我針對畫作一些細節處進行修改，並且保證這絕對不會讓我蒙受損失，我當然樂於允諾。

離開之前，編輯還邀請我周日和他一起共進早午餐，聊聊彼此對於創作的想法，假日的約會結束後，他主動交給我一張支票，希望我能再為他作一幅畫。』」

在這個事例中，畫家自始至終都沒有為自己進行任何辯解。與此相反的是，當他察覺到編輯認為他有不妥之處的時候，他採取了主動承認錯誤的方式，並且提出了重畫的解決方案。

事實證明，這個方法的效果非常好，因為編輯非但沒有像往日一樣想要指責他的不是，反而寬慰他，並且再次邀請他為出版社作畫。

在日常生活中，假如你也能夠試著用這種「退一步原來是向前」的方式解決問題，別人也會對你另眼相看。

因為你屏棄了捍衛自我的態度，轉而選擇「就事論事」的處理方式，不只讓你處事更圓融成熟，也可避免因盲點掩蓋真相錯過了進步的可能。

把「你錯了」改說成「是我錯了」

理所當然的，沒有人喜歡聽到他人明示或暗示自己「你是錯的」的語意，也鮮少有人聽完後還能夠保持內心的平靜。

不過，在人際交往的過程中，習慣指責別人「你錯了」的人，通常也是人群中最容易被孤立的那一個，因此，想要解決爭端最好的方式就是以退為進地承認：「對不起，是我錯了。」

人皆有惻隱之心，一旦放下防衛的身段，你的胸懷反而能讓對方的真心無所遁形，彼此如能真心以待，就沒有溝通不了的問題。

或許你會覺得，在我明明沒做錯的前提下，仍然要承認自己的過失，是否顯得過於牽強矯情了呢？

如果你仍這樣想，代表你的想法仍建立在「非黑即白」的階段，就算最後證明你的觀點或作法才正確，與關係而言仍舊是兩敗俱傷。

試著檢視自己的中心思想裡，是否存在著：「我不可能會犯錯，就算我做錯了，也是被別人誤導」的想法，這種觀念其實是存在著重大謬誤的，因為人無完人，每個人總有不經意犯錯的時候，但若是不論自己對錯與否，都要「據理力爭」，得理不饒人的結果只會讓人生越走越窄，越來越寂寞。

其實，所謂的對錯不過是站在相對的觀點而言，才能論斷，就長遠的人生發展而言，一時的對錯，並不能決定一個人的人生勝負，既然如此，何不忘掉那些毫無意義的堅持。只要經過這件事，你們更了解彼此的需求，或是更確知如何調整才能讓工作順利進行，說實在，到底是誰對還誰錯，還有這麼重要嗎？

不過放下我執的身段，一時的退讓，卻可能讓你換得人生中難以取代的轉機，或獲得一輩子難尋的知音，這樣的結果不是比一時的輸贏更有價值嗎？

Release your Stress

★ 當你發現自己犯錯時，是否希望對方能多一些體諒，少一些責難？

★ 退一步，對你的損失是什麼？進一步，對你的損失又是什麼？

★ 告訴自己：「能夠對我提出建言的朋友，才是眞正的朋友。」

聽進對你有用的觀點 v.s. 好勝心聽不進人言

「成功的人找方法，失敗的人找藉口。」

——郭台銘

據統計，比較容易成功的人大多具有以下七種特質：有旺盛的幹勁和成就動機、熱愛工作且積極有企圖心、對事物的認知和敏感度較強、有計畫及組織能力、好的人際關係、能掌握情緒和承受壓力、儲存實力積極面對未來。

當我們面對工作的時候，展現出強烈的抱負與計畫力、執行力，都可以憑靠後天的訓練，累積經驗。但關於「好的人際關係」、「能掌握情緒和承受壓力」則必須仰賴一個人內心的成熟度。面對順境，做起事來自然得心應手，但面對困境也能夠盡量平常心以對，並努力盡心的人，往往才是能夠堅持到最後的成功者。

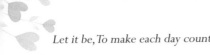

在遭逢逆境時，最後能否走向最終目標，有一個很重要的指標，就是——能否放下我執，虛心檢討求教。

從管理心理學的角度而言，一個人的格局發展，確實與他的心胸寬廣與否息息相關，曾聽一位企業家長輩說道：「管事容易，管人難；管人容易，管心難。」

如果待人處事，不過度強化、堅持個人意見，凡事都能試著以雅量包容各種歧見，一個可以容得下各家觀點的人，才能看見絕大多數人的問題，進而思考如何解決大多數人的問題，屏除個人觀點，打開心胸，反而能站在更高層次的地方、更寬廣的角度發現對自己有助益的事物。

思考清楚你到底為何而戰？

名傑和紹謙是來自同一所國立大學的應屆畢業生，為了順利進入一家位居世界前五百強的企業，他們簡直是過五關斬六將，經過層層篩選，最終才得到了這個機會——試用期三個月。待試用期結束後，主管會依兩人的表現，再選擇錄用其中之一。雖然，名傑和紹謙都覺得壓力非常大，但也因此不得不使盡個人的本領，看到兩人的求好心切，單位主管的心裡也十分矛盾，因為名傑和紹謙的實力相當，專業知識都非常紮實，而且人緣非常好，短短的時間內，兩人就與同事間培養出良好的默契。

為了驗證名傑和紹謙的能力，主管分別賦予兩人兩個難度不分上下的案子，讓他們獨自策畫。

當名傑提交出具有專業水準的專案計畫書，主管審閱完畢後給予非常高的評價，不過，主管覺得有些執行層面要是名傑可以稍微修改一下，就更無懈可擊了，他甚至打算把這份計畫轉呈給部門經理參考，並讓部門經理重用優秀的名傑。

於是，主管就依個人過去執行的經驗，提醒名傑一些調整的注意事項，但名傑的反應卻出乎意料之外。主管發現，每當他針對該點提出建議時，名傑總是隨即反射性地反駁他的建議，雖然語氣並無不敬之意，但這種只為了一再證明自己比較優越的方式，卻讓主管感到不受尊重，更何況，他其實是出自一番好意。

那麼紹謙呢？

稍晚，紹謙也提交了他的專案企畫書，相比之下，他的專業程度略遜於名傑，不過，也具有一定的實力。重點是，這份專案企畫中的市場調查報告，看得出來花了紹謙不少心思與時間。

同樣的，主管也針對紹謙的企畫提出了一些見解，希望他再針對不足之處認真研究。然而，在和紹謙溝通的同時，主管發現他果然人如其名，非常謙和客氣。不僅非常認真聆聽主管的建議，表達歉疚之意後還虛心求教，提出了許多延伸的問題，並勤作筆記。而且，在主管和紹謙溝通專案的隔天下班前，他確實地交給主管一份依其指導後又再重寫的更詳盡的專業企畫書。

到了試用期滿，閱人無數的主管當然了解應該留下具有何種人格特質的人，對公司而言才是長久之計。對於一個想在職場有長遠發展的職場工作者而言，謙虛好學、虛心接納別人提出的不同意見，這一點至關重要，因此紹謙理所當然地得到了正職的聘書。

其實，不論是在生命中哪個領域，如果能試著虛心接納別人不同的見解，對自己只有百利而無一弊，只要讓心念建立在「他是為我好，才會告訴我這些」的基礎上，本質上，無論對方的言論有多麼不中聽，也因為可以體諒而接納，至於實際上你會採納多少他人的見解？這樣的建議到底受不受用？當然就看個人的自由心證了。

至少，不必因一時的看法不同，就選擇爭鋒相對，與其搞得兩敗俱傷，不如選擇拋開自我的觀點，打開心，讓別人走進來。因為意見交流，讓彼此關係更深化、更內化，就算因為了解而分道揚鑣，也不要因為拒絕了解而錯失機緣。

得志或不得志？在於一個人的胸襟

在社會上，你會發現有些人的心胸很狹隘，常常為了一點小事暗自哀歎或是發脾氣，把自己弄得就像一個不得志的男人或者是一個受氣小媳婦似的。

而有的人呢？胸懷豁達，心胸開闊，不管面對什麼人、什麼事，亦或是一些有失公平的待遇，也能夠淡然一笑，從容對待。

這就是胸襟的差別。

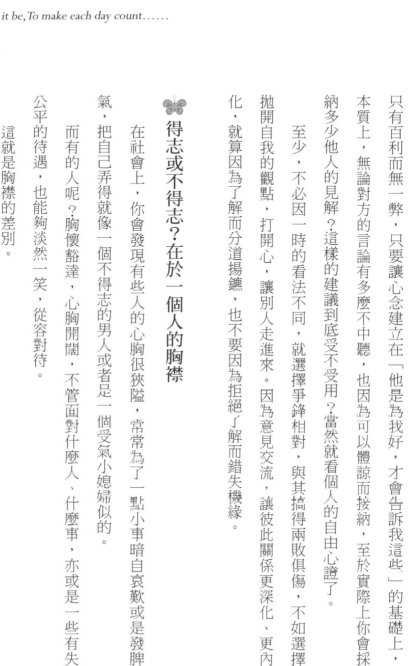

其實，人生就像是一場輪迴，也許走到最後，你才會發現自己又回到了最初的起點，或是了悟到自己最想追求的寶物其實就在自己身邊。所以，不必太看重成果得失，反而其中的過程，到底過得快樂不快樂？才是我們之所以來人世走一遭的意義。

許多夫妻在新婚時期，朝夕相處之下難免會有摩擦的時刻，這時，如果非要爭強好勝，往往會讓好不容易培養的關係毀於一夕的爭吵。問題是，值得嗎？

根據內政部的統計，台灣近十年來離婚率高居不下，光是一百零一年就有近五萬六千對怨偶離婚。平均下來，等於每天就有一百五十三對怨偶在戶政事務所辦離婚，跟世界主要國家的離婚率相比，台灣名列第三名，台灣人隨心所致結束婚姻關係的問題，甚至比日本、韓國還嚴重。

根據統計還發現，結婚在五年之內的離婚率是最高的。究其原因在於：如果兩人在婚前沒有對婚後家庭的共識好好溝通協調清楚，很容易因為個性的關係，或者是生活習慣的關係，甚至是雙方家庭的關係造成離婚。

婚姻生活不會每一刻都幸福美滿，但如果不懂得經營和忍讓，總是以個人主觀為優先，現實中的柴米油鹽醬醋茶都可能讓完美的童話故事變調。

因此，不管是夫妻之間，還是朋友之間，亦或是陌生人之間，如果我們能夠學會理直氣和，把看重彼此的感受作為溝通的前提，就能與身邊最親密的人分享彼此最真實的想法，彼此相輔相成，相守一生並不難，難得的是持續灌注愛的能量去傾聽對方與完全接納。

Release your Stress

★當你覺得別人都不了解你時，是否代表著你的防衛心太重而忽視人言？

★溝通分歧時，只要把握「適可而止」的界線，就不至於引爆地雷。

★告訴自己：「但聽無妨，就當是交換意見，對我也沒有造成什麼損失。」

當一個人越是放大自己失落、受傷或恐懼的情緒，
只會越顯露出其心的空洞與愛的匱乏，
讓性格的弱點無處藏身，更容易行事疏漏。
退一步，把自己的位子空出來，學會替別人設身處地著想，
就能客觀看清事實的原貌，
找到造成心中糾結的線頭，方能療癒心疾，體會海闊天空。

Chapter 2

減低情緒「敏感度」，把爭執的時間拿來溝通。

情理兼容 v.s. 情緒失控

「如果世界上有地獄的話，那就存在於人們的心中。」

——羅・伯頓

世界最頂尖的ＮＬＰ超級教練安東尼・羅賓斯（Anthony Robbins）曾經說過：「成功的秘訣就在於知道如何控制痛苦和快樂這兩股力量，而不要被這兩股力量所控制。假如你能夠做到這一點，那麼你就能好好地掌控自己的人生，否則，你的人生就將失去控制。」

其實，我們都了解ＥＱ的重要性，但是在某些生命的片刻，受到突如其來事件的衝擊，的確很難保持平常心以待。面對快要破錶的情緒，這時候你最需要的是「理性」的力量。其實一個人面對事情的反應，也與個人的人生歷練息息相關，而理性與沉穩的態度確實是可以透過經年累月的練習培養出來的。

回想一下：過往歲月中，自己是否曾經經歷過衝動而壞事的經驗？

有些人會因為另一半總是不符合自己的期待而生氣，在情緒使然之下而分開，回過頭來，才發現在畢生的感情經驗中，他竟是最令自己懷念的那個人，然而，錯過的時光卻再也不可能找回來了；有些家長因為女婿或媳婦不合己意，因此讓孩子在自己與另一半間左右為難，鬧出了不少家庭問題，不只讓自己的喜好影響到現下的生活品質，更讓孩子本該獨立的人生受到牽連與波及。

如果你可以找出諸如此類情緒作亂的問題，就可以深刻地體悟到：發脾氣不能解決任何問題，只會讓現況變得更糟，而能了解，情緒化其實是不成熟的性格作祟的結果，如果可以用一路累積的經驗值提高面對事物的理性與高度，你也能成為一個情理兼容的人，遠離情緒化對人生的迫害。

不過份看重，就不會過度情緒化

小雨從師範院校畢業後，順利進入一家公立中學擔任初中教師。因為小雨對於教職工作非常認真努力，因此在教學工作上也深得同學們的愛戴，如果知悉同事有事不能上課，小雨還會主動幫忙代課，與同事間相處融洽。

不過，小雨的性格耿直，脾氣也比較急躁，所以當校長或教務主任的教育理念與她分歧時，她往往會採取據理力爭的態度，因此一直以來在校內的高層中，對她的評價很兩極。

即使如此，小雨無從挑剔的教學品質與熱誠，也讓她在年終優秀教師的評選活動中屢次獲獎，自從接手教職後，一直都是家長心中前三名的模範導師。

某年，又到了年終評選的時候，當年度入圍的模範教師就以小雨最為資深，其他入圍的導師資歷尚淺，所以，她嘴上雖說不在意評選結果，但心中也認為今年的第一名應該就是自己。但最終結果公佈後，卻令所有人都跌破眼鏡——一個才剛進學校的菜鳥女老師竟然得到評選冠軍。

頒獎典禮結束後，小雨心中很不是滋味，她認為這位老師不僅資歷尚淺，而且教學水準也很普通，根本沒有任何地方能夠與她比評。

為此，在眾望期待卻又下不了台的局面下，小雨火冒三丈地衝到校長室，質問校長評選的標準，這時校長才解釋道，這位年輕的女老師是北部教育局某位督導的女兒，如果能讓督導對學校留下好印象，未來一年撥入學校的教育經費就不愁了，校長是為了學校的發展才做此決定。

然而，打著正義旗幟的小雨對校長的顧慮充耳不聞，衝動之下，甚至語出威脅地說：「假如這次您不能還給我一個公道，那麼我情願選擇辭職。」

不過，畢竟獎勵都已在公眾之下頒出去了，豈有收回之理。對此要求，校長表示愛莫能助，不過也對小雨提出承諾：明年的優良教師一定會頒給你。小雨得不到自己想要的結果，於是當天就把辭職申請呈交校長。

事後，冷靜下來的小雨才覺得有些後悔，因為她知道公立學校是很難考取的，而優秀教師不過是一個暫時性的榮譽和幾千元的獎金而已。然而，由於校長也已經下決心不再聘用她了，所以小雨就離開了工作十年之久的學校。

重新投入求職領域的小雨，不得不和更多年輕人一起競爭，以便能夠在私立學校任職。進入私校之後，小雨才知道公立學校其實還是比較人性化，不僅壓力沒有那麼大，而且同事因競爭較少因而更好相處。

到了私校任職後的小雨，即使每天陪學生早出晚歸，薪資福利也不見得如公立學校穩定，而且家長的要求更是千奇百怪，但時至今日，悔之晚矣。小雨只好默默地後悔，努力地重新適應新學校。

其實，小雨原本能夠將此事做更完善的處理，她卻因為自己一時的氣憤拒絕了事情轉圜的契機，雖然學校因此失去了一位好老師，但她更失去了自己的安身立命之處。

所以，不論是在生活還是在工作中，不管是對待一件事還是與人相處，當你發現自己或對方的情緒波動特別大時，通常此時並不是處理此事的良機，不妨緩一緩，反而會想到更好的解決方式。

當情緒緩和下來後，我們看事情的觀點將不再受情緒局限，此時的大腦才能發揮出平時的實力，因此退一步、慢一步是最好的方式，別急著要一個結果，當你能夠學會有效地控制自己的情緒，也能讓人生更順其自然、順心遂意。

惱怒對身體是一種慢性自殺

法國著名的化學家建德和美國著名的心理學家愛爾瑪凱從市場上買的肉類中發現了一種毒素，假如長期食用，就會危及人類的生命。

經過研究他們最終發現，這種毒素是由於動物被宰殺時在極度恐懼和痛苦的情緒之中釋放出來的。因此，他們想到了一個更加嚴重的問題，人類在生氣的時候是否也會釋放出這種毒素？甚至危害人體的健康呢？

接下來，愛爾瑪凱對於人類在各種情緒下的生理反應進行測試。他分別找了三個人，一個是情緒有點抑鬱的人，另一個是非常生氣的人，最後一個則是心情平靜的人。結果，他發現這三個人呼氣後凝結在玻璃管中溶液是不同顏色的。

心情平和的人，所呼出的氣體凝結成的水汽是無色透明的，沒有任何雜質，但是有些抑鬱的人，所呼出來的氣體是較為渾濁的，而心情極度憤怒的人，所呼出來的氣體凝結成的水汽居然帶著一點淡紫色。

愛爾瑪凱把這種淡紫色的液體注射在另一位受試者的身上發現，受試者的情緒開始轉變為比較負面。後來，為了進一步驗證結果，他把淡紫色的液體注射在白老鼠身上，讓人感到更訝異的是，接受注射後的老鼠居然在短短幾分鐘的時間內就中毒而死了。

此外，科學家還進一步地研究發現，假如哺乳期的母親常在生氣的情況下用自己的乳汁哺育孩子，那麼幼小的嬰兒就很容易生病，身體的抵抗力也會降低。

因此，科學家最終斷定，在一個人的情緒處於劇烈變化之中的時候，他的身體就會釋放出大量的毒素，長期下來，的確會對人體造成不可逆轉的損傷。

由此可見，一時的情緒宣洩不只會讓自己的思緒本末倒置，未能好好處理現況，還會殘害健康。

其實，你可以這樣想：當我們感到憤怒的同時，要做到寬容他人自然很困難，但如果是為了釋放受到痛苦綁架的自己，就不難了，退一步、慢一步，再想一想：如果你堅持的事情是正確的，表達的方式也是正面的，事情自然會朝著正面發展，或許現況不如預期，但有時只是短暫的時運不濟，過了這關又可以向前一大步，何必為了一個無形的關卡和自己的人生過不去呢？把正面的能量帶給自己和社會，自然會產生正向循環與回饋的力量。重點是，沉重的心因一時的轉念而輕舞飛揚。

Release your Stress

★退一步，想一下，還有沒有別種處理方式？

★懂得等待的獵人才能捉到好獵物，試著邊等待邊讓情緒緩和下來，把心急浮躁轉化爲耐性訓練。

★訓練自己的修養，寬以待人永遠不會帶給你任何惡果。

想哭就哭，想笑就笑 v.s. 冷漠壓抑情感

「笑是感情的舒展，淚是感情的淨化。」

——柯靈

根據醫學研究證明，在很多情況下，哭是有利於健康的。因為哭泣能夠讓人們心中壓抑的情緒得到及時發洩，而有效減輕精神壓力。

假如該哭的時候只知道一味強忍，那麼，心中的壓力就會越積越多，精神負擔也會越來越大，而導致情緒低落、食欲降低、失眠等等，更嚴重的人還會表現出悲觀厭世甚至輕生的態度。若一時不察，長期下來會形成慣性抑鬱。

隨著年齡漸長，面對現實生活的壓力也越來越大，我們更必須學會如何及時釋放壓抑的自己，找到一個正當的管道與方式，舒緩自己的心情。

要是一個人總是壓抑自己，把想哭的欲望壓抑在心中，那麼，長此以往下，有可能會變成有淚流不出來的冷漠人格，其實，每個人都有軟弱的時刻，你真的不需要那麼堅強，不管是去ＫＴＶ練歌抒發，或是從事其它自己最愛的休閒活動，及時調整負面的情緒，就能以更開闊的心態面對人生。

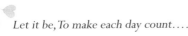

你上一次流淚是什麼時候？

羽喬早晨起床之後，發現下巴異常的痠痛，帶著一臉憂慮的神情坐到餐桌前，母親看見神情不展的羽喬，隨即提醒她：「喬喬，你這幾天晚上睡著了之後，磨牙的聲音連隔房的我都聽見了，最近還好嗎？找時間去讓醫生看看吧！」

聽了媽媽的話，羽喬才知道自己的反常，因此直接向主管請了上午的假，去掛了牙科門診。

待牙科主治醫生聽完羽喬描述的病徵後說道：「你最近是否心理壓力特別大呢？臨床研究證明，巨大的壓力會導致人們在夜間睡覺時磨牙。如果長期下來，會導致牙床的病變，你可能要想辦法抒壓，別讓精神長期處在緊繃的情緒下，會對病情比較有幫助。」

原來，羽喬在現在的公司已任職數年了，當職位越高，壓力通常伴隨著責任而來。最近，她覺得自己遇到了所謂的工作瓶頸，怎麼努力事情就是不見進展，為此，她感到身心都非常疲憊。

聽了醫生的建議之後，羽喬等手邊的工作告一段落，替自己安排了一個長假，她一個人去了西藏兩週，在這段期間，從大自然的美景中她似乎了悟了一些道理：

人生於世，花開花謝皆有定時，很多事情不必看得那麼重，只要盡力綻放了，生命的循環將帶你走向更好的地方。

因為工作上的職等，讓她常常不得不板起臉孔做事，久而久之，竟然疏於照顧自己的感受，於是，在這段旅程中，她放下平常的身段，盡情地體驗當地的風土民情。她會為了看到西藏小朋友貧瘠卻樸實的生活而對都市不斷追逐物質欲望的生活心生感觸；也會為了和樂天知命的藏胞相處不時開懷大笑，她似乎逐漸找回了原本的自己。

調整了自己的心情與想法過後，她覺得自己能夠更從容淡定地面對生活和工作。

果然，休假回來之後，過去羽喬面對工作的幹勁又回來了，原本的瓶頸被旅程中一些迸發的靈感所取代，現在的她，滿腦子都是對於生命的代辦清單，她再也不會被工作的主旋律所控制，在下班之後，還去上早就想學的西班牙文課，重拾熱情的人生態度，更順利地解決了工作中的難題。

原來，人生並不如想像中複雜，人際關係更是如此，一個能夠真實面對自我的人，自然可以遇見一個能夠坦誠交流的對象；一個心思過於細瑣的人，往往也會遇見會令他敏感本能發作的對象。

其實不必費心去想：我該帶著什麼樣的表情上場演出，只要你的表演發自初衷，每個人都能感受到你的真心與溫暖而微笑。

想一想，你上一次不可抑制地大笑，或是因悲傷而流淚是什麼時候？

如果已經超過一個月以上，那麼表示你對生活的感知已開始疲乏，找個時間到一個自在舒服的地方，看看過去時光的老照片吧！這可以幫助你憶起當時的自己，曾經笑得那麼有能量，或是遙想起在那張照片的表情背後，曾經歷了一段什麼樣的故事，或許會有許多感觸，不過，有感的人生不是比僵化的生活、冷漠的自己，看起來幸福得多了嗎？

Release your Stress

★人生而有喜怒哀樂，不必畏懼負面能量，讓它自然從體內釋放，心就能獲得平靜。

★情緒阻塞的時候，內在的靈性也會卡住，試著把想法寫下來，向內覺察眞實感受。

★想笑就笑，想哭就哭，每個人都有這樣的時刻，每個人其實都能體諒。

不因挑釁易動心性 v.s. 用情緒回應情緒

「沉住氣，爭不爭都有一片天。」

——阿基師

某天，在朋友家的午後，看到孩子們在打鬧，其中一個孩子似乎在拉扯間出手重了些，讓另一個孩子跌落在地，孩子們開始從玩鬧逐漸演變成互相攻擊的行為，朋友看到情況一發不可收拾，趕緊上前制止，那位被推倒的孩子哭鬧著說：「都是他先推我的……」

這樣因誤解挑釁而引起紛爭的情況，其實不只曾在孩子身上上演。近年來，我們也常常在YOU TO BE的影片中看到一些喜歡追求速度的駕駛不停用「逼車」的方式逼近鄰車，甚至就在國道上演《玩命關頭》中的電影情節，待交警出現，詢問車主為

何從事如此危險的行為時，駕駛人往往表示：「都是他先開始挑釁的……」

這些誤解生事的實例常常在生活中上演。不過，不論對方是有心的或無心的，如果我們不「當真」，不追根究柢，通常事情很快就平息了。問題就在於自己也常常因為別人的反應而感覺非要爭個輸贏，一旦被情緒沖昏頭，事情的發展也就往往超出我們所能掌握的範圍。

如果能領悟到：或許對方只是遇到一些不順遂的事，或是控制不住自己的情緒才有此反應，如果你已意識到這種反應給人的「不舒服」，就更不必和其一般見識，甚至還仿效對方的作為予以還擊。

我們都知道以暴制暴並不是解決問題的方法，但若能以更寬廣的慈悲心看待人事，不論外人如何挑釁，你依然能夠怡然自得地做自己。

用因緣果報來看待世間之事

有一天，無相法師禮佛完畢正準備出門之際，突然有位彪形大漢從門外闖進來，正好和無相法師撞個正著。只聽見「砰」的一聲，無相法師的眼鏡掉到地上，鏡片應聲碎裂。

沒想到，那位滿臉絡腮鬍的大漢，不僅沒有任何愧疚之色，反而理直氣壯地質問無相法師：「好狗不擋路！我要進門，你幹嘛突然擋在前方？」

眼見此狀，法師心想：世間法多由因緣合和而生，有善緣，也有惡緣，要想解決惡緣之道，就必須以慈悲待之，他決定用豁達的心胸來化解此事。因此，他僅保持微笑但默不作聲。

看到法師的反應，莽漢驚訝地問道：「喂！臭和尚，為何我這樣羞辱你，你也不生氣，難道你沒有自尊嗎？」

法師順應自然地開導莽漢說：「我為什麼要生氣呢？生氣非但無法使破碎的眼鏡恢復如初，反而會使事情更加惡化。可想而知，假如我惡意相向，或者對您拳腳相加，一定只會更加殘害我的身心，甚至還會造下更多的惡緣及業障，卻無法化解任何事端。假如我們能夠用因緣果報來看待世間之事，那麼，只要我遲一分鐘開門，或者早一分鐘開門，都能夠避免與你相撞，但是我們卻偏偏撞到了一塊兒，很可能，這一撞正是為了化解我們過去的某段惡緣，所以，我非但不應該生氣，反而還得感謝您幫助我還清了前世的債，消除那個業障，怎麼會生氣呢？」

聽完無相法師的話，莽漢感觸頗多，若有所悟。他非常虔誠地向法師請教了很多關於佛法的事情，並且還抄下了法師的稱號，希望未來執迷不悟之時，能夠再來向法師請教。

過了數年之後，某天無相法師突然接到一封現金掛號信，信中竟裝有五千元現金。原來，這封信是那個莽漢寄來的，他在信中寫道：

「師父慈鑒：

首先，我要對您表示深深的感謝。因為那天您的醍醐灌頂，救活了三條性命。

年輕的時候，我放浪形骸，不知用功進取，所以導致事業始終高不成低不就，非常苦惱。

後來，我結婚了，性格依然暴躁，不知道自己應該善待妻子，總是把妻子當成出氣筒。

一天，我出差在外，因為提前辦完事情，所以就提早返家，讓我萬萬想像不到的是，打開大門之後，卻發現妻子與一名男子在家中談笑風生。怒火中燒之際，我衝動地跑進廚房拿起了一把菜刀，我當時只有一個想法，就是殺了他倆，然後順手結束自己的生命。

沒料到，當那名男子驚慌回頭的時候，不小心把臉上的眼鏡摔落在地。在那一瞬間，我想起了慈悲為懷的師父。

回想起您的開示，讓我很快恢復了冷靜。

我想，妻子之所以越軌，我也有很大的責任。以前，我總是冷落她，把對人生的不順遂都怪罪在她身上。經過這件事之後，我確實地進行了深刻的自省。現在，我們一家人生活地非常幸福，我的工作竟然轉而更順利了。

正是師父的開示，才徹底改變了我的人生觀，使我一生都受用不盡。為了感謝師父的恩德，我特意隨信寄去五千元現金，其中的兩千元用於賠償師父的眼鏡，剩下的三千元為我、為妻子和那個男人做功德。」

很多時候，人很容易被情緒所影響，因而在衝動下做出悔不當初的事情，使自己瞬間從天堂之中掉進了地獄。假如我們能夠端正自己的心態，把人生所遇到的每件事情都視為一個難得的機緣，那麼我們就不會在遇到緊急情況的時候手足無措，更不會在情緒失控的狀態下做出讓自己追悔莫及的事情。原本不放下，可能會抱著這些業障遁入地獄；不過轉念放下怨念的那一刻，就是天堂。

Release your Stress

★ 想一想：「爲什麼別人不會因此動怒，我卻會呢？」

★ 找出原因後，和值得信任的朋友談談，從中獲得鼓勵與信心，解開心中的結。

★ 不必要求自己必須做到「以德報怨」，但你可以選擇遠離惡因惡果。

無畏面對，不足為懼 v.s. 用恐懼樹敵

「在意志面前，一切都得彎腰低頭。」

——馬克西姆・高爾基（Maksim Gorky）

在生活和工作中，不管是誰，都會遇到一些困難和挫折。不過，有的人會知難而退，有的人卻不假思索地迎難而上，因此導致了截然不同的結局。

面對困難知難而退的人，很容易在人生中成長停滯，因為距離目標的路上有無數的絆腳石，假如一遇到障礙就退縮，那麼就永遠無法到達成功的彼岸。相反地，那些迎難而上的人則相對容易達成目標，因為他們總是努力地克服一個又一個的困難，並從中不斷提升自己的能力，鮮少放棄。如此執著和堅定的人，當然擁有躍升的契機。

因為逃避就意味著放棄，困難就像彈簧，你強他就弱，你弱他就強。

我們都清楚人生不可能一帆風順，當你從這個困難關口逃跑了，下一個困境很快又會接踵而至，因為你永遠學不會解決問題的方法，所以看待人生當然感到處處窒礙難行，還抱怨老天爺和你過不去。

其實，當別人都選擇進步的時候，你如果仍在原地踏步自然等於退步，而時光是不等人的。就像Ｆ１賽事，如果一個車手駕駛的速度慢了前面那部車的車速零點一秒，當累積圈數越多，自然距離會被越拉越遠，最後就會被遠遠拋在後頭。人生也是如此，因此，不得不謹慎看待自己面對困難而造成人生落後的態度，因為那幾乎就決定了你的未來，豈可輕忽？

「面對」是解決困難最好的方法

在荒野中，一群體型龐大的犛牛正在尋找青草充饑。突然之間，幾隻狼出現在距離它們很近的地方。當領頭的犛牛發現有危險之後，第一時間就做出了反應，牠帶領牛群開始不顧一切地奔跑。而隨著牛群奔跑，狼也寸步不離地緊跟其後。最終，有一頭體力不支的犛牛脫隊了，饑餓的狼群自然不會放過這個機會，牠們團團圍住這隻落後的犛牛，不停地用尖齒和利齒攻擊牠。即使受傷的犛牛與狼群奮力拼殺，最終仍因寡不敵眾，在硬撐了半個小時後，最終倒地身亡，成為狼群的食物。

在地球的另一端，自然競爭的戲碼仍在上演。

在沙漠中，一隻蠍子正在驕陽下緩緩前行。突然之間，它發現前面有動靜，原來，是幾隻狐獴正偷偷地向它靠近。於是，蠍子趕緊掉頭，開始拼命逃跑。然而，狡猾的狐獴緊追不捨，很快就迎頭趕上。還沒等蠍子反應過來，幾隻狐獴就分工合作，將蠍子變成了盤中美味。

儘管弱肉強食是自然界的法則，誰也無法改變。然而，不久之後，兩種截然不同的結局卻持續在荒野中上演。

在遼闊的荒野上，一群犛牛正在尋找青草，突然之間，幾隻狼突然出現在距離它們很近的地方。一頭犛牛首先發現了狼群，因此睜大牛眼直瞪著狼群，而其它犛牛也發現了異常，全都抬頭向狼群望去，即使危險就在眼前，卻沒有任何一隻犛牛想要逃跑，雖然狼在牛群邊虎視眈眈了一段時間，但是團結的牛群卻讓他們始終沒有下手的機會，只好心不甘情不願地離開了。

在炎熱的沙漠中，一隻蠍子正在緩緩地爬行，突然之間，它與幾隻狐獴狹路相逢。狐獴非常小心又緩慢地靠近蠍子，而蠍子卻反射性地翹起帶有毒刺的尾巴，一副進入備戰狀態的模樣。狐獴眼見此景，不由得嚇得後退了好幾步，畢竟一旦被毒液噴到，幾分鐘之間就會毒發而暴斃。如此對峙了幾分鐘之後，狐獴只好悻悻然地走開了，去其它地方尋找更容易對付的獵物。

實際上，狼並不是犛牛的天敵，狐獴也並不是蠍子的天敵，但是即使是同樣的動物，面對大自然的物競天擇，只要不放棄希望，勇於處理危機，事情往往會有不同的發展。犛牛和蠍子前後兩種截然不同的命運告訴我們一個道理：天敵是人們的恐懼「製造」出來的，不管是對犛牛而言，還是對蠍子而言，在面對敵人的時候，最致命的錯誤就是逃跑。但置之不理的犛牛和勇於面對的蠍子，不僅保全了自己的性命，還嚇跑了對手。

同理可證，在生活中遇到困難時，只要你勇敢面對，事情一定會出現轉圜的餘地，就怕你先嚇跑了自己！

給自己多一點勇氣作後盾

一位與狄更斯齊名的英國小說家薩克萊曾說過：「生活就像一面鏡子，如果你對著它笑，那麼它就會對著你笑；如果你對著它哭，那麼它就會對著你哭。」這句話雖然很簡單，卻道出了生活的真諦。

現今很多出身豪門的富二代雖然小時候衣食無憂，但仍須獨力面對人生的變化與考驗，一個人的出身並不能保證未來人生的一帆風順。

記得曾看過一則電視新聞，大陸四川有位富二代董偉（化名），身高一百八十三公分，儀表堂堂，又是家中獨子，但因父母管教過嚴憤然離家。後來生意失敗，跟妻子離婚後又沉迷賭博，敗光所有家產。他又不願認真工作賺錢，最終身穿名牌卻流落街頭。日前，董偉因肚子餓又沒錢，身穿數萬元的ＬＶ襯衫和斜揹愛馬仕（Hermes）

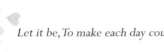

名牌包搶劫超市，被警方逮捕後以搶劫罪起訴。

台灣也有如同李宗瑞這樣的富二代，本為元大證券董事李岳蒼之子，但因不學無術，到夜店招搖撞騙，竟對多達三十四名無辜女子伸出淫爪，最後落得被判十八年六個月的有期徒刑。

如果他們能夠利用出身的優勢，力爭向上，相信開創事業的機會就在眼前，但因為幼時生活太順遂，面對難關反而不知如何應對，因恐懼而滋生惡習，沉淪於賭博或聲色之間，當然還是逃不過生命最終的審判，必須自己承擔一切的惡果，令人不勝唏噓！

因此，不管出身如何，重點是一個人有沒有面對人生的勇氣。只有鼓起勇氣面對，才有戰勝挫折和失敗的機會。事實上，檯面上那些成功人士，無一不是嘗盡了生活的艱辛，當我們羨慕他們的無限風光之時，更應該檢視他們曾經熬過的苦難。因為他們也是凡人，唯一不同點在於——他們比一般人擁有更多的勇氣和堅持。

當命運逼迫他們投降的時候，他們並沒有絕望，而是拍拍身上的塵土，站起來，繼續攀登直到抵達人生的高峰。

生存，原本就是一件很艱難的事情，只有勇敢地面對，你才可能活出精彩。

有句話說得非常好：「態度決定一切，細節決定成敗。」由此可以了解，要想戰勝困難，獲取成功，應該具備勇者的心態，與勇者的細心。在征服一個個困難的過程中，使自己越挫越勇，從而在人生的困難面前游刃有餘。試問，沒有挑戰性的人生，豈不乏善可陳？

Release your Stress

★恐懼是一種本能，不必反感，而要思考自己爲何而怕？

★有時候，你以爲是要對付一條龍，結果發現其實不過是一條蟲。

★找一個人述說你心中的恐懼，有愛作後援，因愛而生的勇氣往往更無懼。

思想開通 v.s. 鑽牛角尖

「我不願有一個塞滿東西的頭腦，而寧願有一個思想開闊的頭腦。」

——蒙田（Michel de Montaigne）

在生活中，很多人因為想不開而把自己逼入絕境，甚至走上絕路，其實，這是非常愚蠢的行為。要知道，每件事情都有很多種解決的方法，並非只有一條路可走。因此，當一條路行不通的時候，我們不妨多試試其他的道路，也許雖然曲徑通幽，但是最終仍然能夠順利地到達自己的目的地，這就是條條大路通羅馬的意義。

一般情況下，容易選擇在一棵樹上吊死的人往往思想比較封閉，在解決問題的時候，只能受限於過去的經驗與主觀的心胸，因此能聯想到的方法和途徑寥寥可數。

要想避免自己落入這種僵局，平時我們就要訓練自己的開放型思考，唯有如此，在遇到困難的時候，才能夠靈活變通；其次，我們還應該盡可能地豐富自己的經歷，增長自己的見識。即使沒有常常旅遊各地的條件，也可以透過讀書、看報、上網來增長見聞，一個見多識廣的人，面對任何問題時，檢視與分析的面向將會更高、更廣，自然能想出更多更好的方法，重點是，有閱歷之人往往明白人生的變故為常態，不必過度耿耿於懷、惶惶不可終日，即使身處絕境，也知道待時間淘盡，絕境的強度也將日漸減弱，而因見聞日益增長的人心，定能破除窒礙，走出人生的新格局。

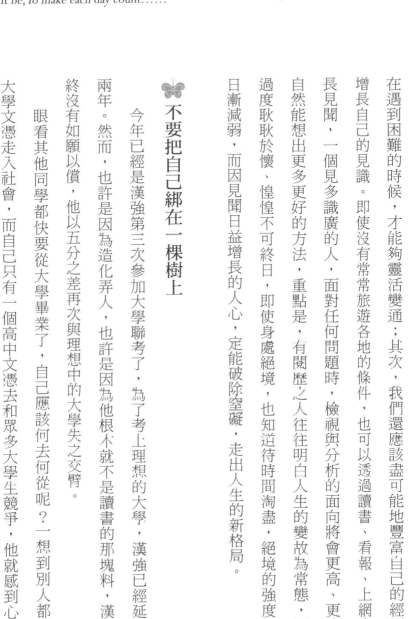

不要把自己綁在一棵樹上

今年已經是漢強第三次參加大學聯考了，為了考上理想的大學，漢強已經延畢了兩年。然而，也許是因為造化弄人，也許是因為他根本就不是讀書的那塊料，漢強始終沒有如願以償，他以五分之差再次與理想中的大學失之交臂。

眼看其他同學都快要從大學畢業了，自己應該何去何從呢？一想到別人都拿著大學文憑走入社會，而自己只有一個高中文憑去和眾多大學生競爭，他就感到心如刀割。經過這次打擊之後，漢強對於追求人生目標的信念整個都崩解了，為了怕遇到鄰里的關心，他整天耗在家裡，不願意出門見人和尋找別的機會。

黎明也是漢強重考班的同學，同樣也落榜了兩次，雖然黎明也曾經考慮過再重讀的事，不過，眼見社會的發展越來越快，隨著全球化的推進，人們的視野也越來越開闊，工作產業與機會越來越多元。因此，黎明轉念一想：既然我不是讀書的料，何必一定要走那條不見得適合我的路呢？機會永遠都在，不如抓住這個千載難逢的好機會，用最少的成本發展屬於自己的事業。

為此，經過一段時間的考察之後，黎明對國外代購的市場非常看好。因為，資本社會的人們越來越看重名牌的價值，但是國內的專櫃賣價又太貴，假如能夠直接從國外購買，則可以節省很多稅，相信能符合很多白領階級的需求。

因此，黎明首先以最少的成本在YAHOO拍賣開了一家代購的網路商店，以預購的方式引進國外名牌的時尚女裝和嬰幼兒用品。因為都是先承接別人訂單，才向國外的批發商購買，減少了屯貨周轉的風險。不過辛苦的是，草創初期所有大大小小的工作與重擔都壓在自己身上，每天必須投入工作的時間約十二個小時左右。雖然每天一睜開眼就是如陀螺般打轉的生活，黎明卻樂此不疲，雖然也曾經遇過被國外批發商欺騙的事件，也曾經遇過客戶給予負評，但他都將這看作是事業發展初期不可或缺的經驗，逐步地改善問題，更為自己累積了一群忠實的顧客。一年後，黎明的生意上了軌道，還引進更多知名品牌擴大商品種類；三年後，他在台北東區的巷弄中，開設了一家屬於自己的國際品牌代購服務的實體店和一家專門代理國外品牌的嬰幼兒奶粉店。

大學畢業之後，當年的高中同學們舉辦了一場同學會。當時，那些大學畢業的同學們都面臨著找工作的窘境，畢竟，大學畢業生找工作也並非那麼容易。除了極少數人找到了中意的工作之外，大多數同學都尚在選擇之中徘徊。當大家看到黎明在這樣的年紀就擁有自己的事業，紛紛羨慕不已。而漢強呢？至今既沒有考上大學，也沒有投入職場，迄今還在過著「啃老族」的生活。這兩人天差地遠的人生際遇就在彼此能否放下執念的那一瞬間就決定了。

想想，如果你今天是漢強，有機會重新選擇的話，還會緊握著那個自己未完的夢想嗎？面對同樣的遭遇，因為完全不同的態度，這意念的一鬆一緊之間，決定了兩人人生截然不同的走向。

因此，在面對人生僵局時，千萬不要把所有的心思都投入在不如預期的挫敗中，等情緒過後，應該花心神好好想想：如果此路不通，還有哪條路可以走呢？靈活變通的心思，往往才是決定一個人到何處都能走出自己的一片天的關鍵，如果想讓信念堅持到最後，就必須要有接納各種形式轉變的可能，你的人生才有脫蛹而出的一天！

Release your Stress

★練習讓自己在間隔三秒的時間內，想出數種不同的解決方法，可以避免走入思考死角。

★先不考慮現實壓力，讓想像力天馬行空，往往可以找到原先思考不到的方法。

★把自己抽象的想法，訴諸實際的文字或具體的完成步驟，就不會流於想想而已。

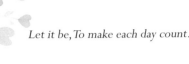

跌倒過才懂爬起 v.s. 讓失敗成為失意藉口

「暫時的失利，比暫時的勝利好得多。」

——阿卜・日・法拉茲

假如你走路時一不留神摔了一跤，你會怎麼做？一般人當然會選擇拍拍屁股站起來，但是當你面對人生中的摔跤——失敗，是否也能如此直覺地挺身而立呢？

面對人生中偶然的失意，如果你能像不倒翁一般，把持著信念的重心，無論如何一次次倒下去，都能一次次面不改色地站起來，人生將沒有任何事物是你的對手。

大文豪巴爾札克曾經說過：「對於天才而言，挫折是一塊墊腳石；對於強者而言，挫折是一筆寶貴的財富；對於弱者而言，挫折是萬劫不復的深淵！」或許我們並不是一個天才，但我們可以選擇成為強者。如今，隨著社會經濟發展的速度越來越快，人與人之間的情感連結因此相對薄弱，或許在你失意的當下不見得有親密的人在身邊鼓勵你、拉你一把，但你就是自己的加油站，只有你知道，用哪種抒發方式可以讓自己獲得療傷止痛的能量，你理所當然是自己唯一的最佳後盾，如果連你都放棄自己了，還有誰可以將你扶起來呢？

其實，人們遇到挫折的時候，感到悲觀和失望是無可避免的，不過，悲觀和失望非但無法幫助你戰勝挫折，反而會使你陷入更加絕望的惡性循環之中。因此，我們自然不能放任自己的人生隨波逐流。要記住，不管面對怎樣的情況，只要我們堅持不放棄，人生仍掌握在自己的手中。

從失敗中尋求勝利的轉機

愛迪生是美國著名的發明家。他一生勤奮好學，善於思考，即使年屆高齡七十五歲時，愛迪生仍然堅持每天準時到實驗室簽到上班。在數十年的時光長河裡，他幾乎每天都工作十幾個小時，在他的一生之中，居然為人類帶來了一千多項發明。

對於愛迪生而言，夜以繼日的工作是常有的事情，有一次，他居然和助手們一起連續工作了五個晝夜。一八七九年，愛迪生終於找到了碳絲作為白熾燈的燈絲，並且成功地點燃了四十個小時。然而，因為碳絲質地比較脆，而且強度也特別低，因此持續性並不高，但愛迪生卻毫不放棄地繼續實驗各種素材，終於找到鎢絲取代了碳絲，電燈的發明替全世界的人類帶來了光明。

對從事實驗工作的人而言，失敗是成功之母，沒有失敗提供值得借鑒的經驗，就沒有成功的可能。

因為有了失敗，我們才能有一個更好的開始；因為有了失敗，我們才能擁有更好的起點；因為有了失敗，我們的人生才會變得更加充實。假如沒有失敗，人們就無法正確地認識自己，無法發現身上的缺點和不足。在失敗的提醒之下，我們才能更正確地評價自身，創造出更輝煌的人生。

把一時的挫敗看作雲淡風輕

在美國，有一位窮困潦倒的年輕人，他始終堅持著自己想要成為一個演員的夢想，即使當他身上所有的錢加起來都不夠買一件像樣的西裝襯衫時，他仍然沒有放棄對夢想的信念。

當時的好萊塢大概有五百家電影公司，他帶著為自己量身打造的劇本，根據自己計畫好的拜訪路線與排序好的製作公司名單，一家家地依序拜訪這些公司。

然而，結果是非常殘酷的，當他拜訪完這五百家電影製作公司，居然沒有一家願意聘用他。但面對百分之百的拒絕率，他絲毫沒有放棄，又重新開始了自己的第二輪拜訪。然而，結果還是沒有任何改變。終於，在第四輪拜訪完第三百四十九家公司之後，第三百五十家電影公司的老闆暫且答應他，先把劇本留下再行評估。

經過漫長的等待，這家公司決定投資拍攝這部電影，因此通知年輕人前去詳細商談，並且邀請年輕人擔任該電影的男主角。這部電影就是《洛基》。看過這部電影的人應該知道，這位年輕人就是好萊塢的巨星席維斯．史特龍。

在先後共計一千八百四十九次的碰壁時，史特龍沒有打退堂鼓，而是繼續堅持不懈，這就是他在第一千八百五十次會獲得成功的原因。

觀察那些成功人士的發跡歷程，幾乎無一例外，他們都曾遭受了很多挫敗。假如沒有毅力和堅持不懈的勇氣，那麼，他們就會被失敗打倒在地，無法走到成功的彼岸。只有擁有坦然面對失敗的心胸和氣度，成功才會如約而至。下一次，如果成果不如預期，不必落入沮喪的低潮中，又把自己逼近情緒的死角；抬起頭，勇敢地檢視為何失敗的原因，往往就是未來你之所以成功的緣由！

Release your Stress

★問問自己，該如何利用挫敗的經歷。它教給你什麼？它讓你更堅強、更有智慧了嗎？

★如果沒有每年經歷幾次失敗，那表示你並沒有很努力去嘗試。

★尋找那些能夠鼓勵你面對錯誤的良師益友，並吸引積極的人走進你的生活。

找回那個從純粹的生活就能提煉幸福的自己。
擁有只是一種表相，
人生中最難忘的時光，往往是一無所有的兒時光陰。
蹲下來，用孩子的眼光看世界，
原來我們即使渺小依然擁有一席之地，
即使不懂世俗依舊富足。

Chapter 3

減肥虛榮「價值觀」，看見生命中真正重要的事。

珍惜知足 v.s. 擔憂匱乏

「知足的人，永遠不會窮；不知足的人，永遠不會富。」

——愛彌兒（Angelique Arnauld）

世俗常常以名利的成就來論斷一個人是否幸福，但這卻往往與生命價值的定義背道而馳。因為，同樣是吃牛排，在夜市裡吃鐵板牛排的人，不見得會比正在吃王品牛排的人不快樂，幸福應該來自於一個人的心境，而非境遇。

很多時候，有些億萬富翁什麼都不缺，但每天的煩惱卻是排山倒海而來；相反地，有些收入較捉襟見肘的家庭雖然物質環境看似樣樣不如別人，但是他們卻能忘情於生活的每個當下。他們之間的差別並不在於擁有什麼，而是內心是否知足。

對於一個貪婪的人而言，即使擁有再多，也不會覺得快樂，相比之下，對於一個

知足的人而言，即使生活簡樸，也依然會適得其樂。究其原因，就在於人的欲望是無止境的，在追求物質和金錢的過程中，欲望只會不減反增，但擁有的越多，就越不懂得滿足，最終只會淪為欲望的奴隸。相反地，有些人即使出身不如別人，但是卻清楚地知道自己人生真正想要的是什麼，因此反而能成為欲望的主人。

尤其現在社會充斥著功利主義的思潮，很多人都希望自己能夠享受更好的生活。然而，在追求的過程中，煩惱卻應運而生，為工作不順利而煩惱，為賺錢沒比同儕多而煩惱，讓追求人生意義的工作淪為純粹滿足現實生活的手段，局限了生命的意義，自然會覺得人生的價值越來越微薄。

實際上，工作只是幫助我們體驗人生的其中一種方式，不應該過份擴張為生活的全部。如果你發現自己已經開始把工作上的壓力、情緒帶回家，影響了自己、家人，在該放鬆的時刻卻仍擔憂工作的進度、發展、人事糾葛，那麼就是該好好替「憂慮工作的心境」畫下紅線的時候。

如何才能做到這一點呢？其實很簡單，你可以為自己種下一顆忘憂草。所謂的忘憂草，能夠把你所有的憂傷和煩惱都帶走，讓你回到家之後，能夠笑臉以對身邊的家人、朋友。當然，世界上並沒有這麼神奇的植物，能夠讓人忘掉所有的憂愁。所謂的忘憂草，可以是你的日記本、部落格、最愛的音樂清單，也可以是你的知心好友，甚至還可以是一本書。總之，只要是一樣能夠幫助你排解壓力的人事物，都可以充當忘憂草的角色，讓你充滿能量安然知足地回到自己。

你擁有的比自己以為的更豐厚

小明的身材非常嬌小，從國中起就比同齡的男孩看起來矮了一大截，為此，他總是覺得非常自卑。

有一天，學校舉辦課外活動，老師帶全校同學去參觀聾啞學校，參觀完之後，小明感到十分懊悔，他一直把眼光放在自己的外貌上，卻從未想過自己能否為社會付出些什麼。

當他看到這些聾啞學校的學生，因為溝通不易，必須格外仰賴表情、肢體動作，所以臉上大多洋溢著微笑；而他們親自製作的糕點，有十分之一的收益是捐給更需要的社福單位，即使天生有些殘缺，卻不影響他們看待人生的態度，甚至還願意盡一己之力去幫助更多的人。相較之下，小明發覺自己的心思狹隘到每天只繞著外貌打轉，卻未曾想過自己其實有能力幫助許多人。

離開聾啞學校後，小明也解開了心中的結，他發奮努力讀書，立志成為一名能夠直接幫助更多人的醫生。

有一位在路邊賣花的老太太，即使衣衫襤褸，身形傴僂，但她卻每天笑容滿載、中氣十足地和路人打招呼。

某次，有位買花的年輕人好奇地問老太太：「您看起來心情很好，請問是發生了什麼開心的事情嗎？」

老太太笑了笑，回道：「耶穌被釘在十字架上的那個星期五是全世界最糟糕的一天，但是，只要熬過三天之後，就是復活節了。所以，每當我遭遇不幸的時候，我就會耐心地等待三天。因為三天之後，心情就會一如往常了。因此，即使遇到不開心的事情，我也認為它不久就會過去的。這樣一來，它就真的不會困擾你了。」

假如我們能夠為自己種下一顆忘憂草，那麼，即使我們覺得有些煩惱，也能夠及時調整自己的心情。實際上，快不快樂完全在乎我們的內心，只要能夠知足常樂，就能夠有好心情為人生創造更多佳績。

Release your Stress

★與那些不達目的誓不罷休的人相比，懂得適時放棄的人身心更健康。

★全然接納生活的現況，從中萌發夢想，從中刺激成長的動能。

★暫時性的眼不見爲淨，可以幫助你有時間沉澱思考：這是我必須得到的嗎？

用小孩的眼光看世界 v.s. 用大人的角度批判社會

「小孩用樂觀的眼光看待大人，大人用悲觀的眼光看待孩子。」

——朱德庸

看見幾個月大的嬰兒微笑，總有療癒身心之感。因為，嬰兒的眼睛是最澄澈透明的，似乎具有淨化心靈的魔力。其實，嬰兒的眼睛之所以那麼澄澈，因為他們有一顆看待世間萬物皆如此可親的赤子之心。

實際上，每個人都有一顆赤子之心，但是，隨著年歲漸長，隨著出社會的時間越久，心思逐漸變得複雜，最終失去了赤子之心，只有少數人能夠始終保持一顆單純善良的心，享受生活的美好。

想想，為何孩子總是比較容易開懷大笑？其實，這並不是因為他們有多麼開心或

者遇到令人高興的事情，而是因為他們的心思單純，遇到事情不會像大人那樣憂心忡忡，而且，即使有了不開心的事情，他們也會很快地就忘記，轉身為自己找到別的快樂祕方。

放下批判心，就能看見單純的美好

法蘭西絲是一位著名的作家，才思敏捷，寫的書評總是非常犀利，然而，面對自己的人生，她卻無力經營。

自從她與丈夫離婚後，就獨自住在離婚公寓裡自怨自艾。後來，她的朋友瑪麗懷孕了，邀請她一起到義大利的托斯卡尼旅行，她很喜歡那裡輕鬆愜意的氛圍，於是決定在當地買幢古堡展開自己的新生活。

然而，裝修破舊古堡的大工程卻使法蘭西絲感到非常疲憊不堪，期間又經歷了颱風的侵襲，她又開始向律師好友抱怨：「雖然我有三個房間，但是卻沒有人來住；雖然我有寬敞明亮的廚房，但是卻沒有人吃我燒的飯；雖然我過著想要的生活，但是卻沒有屬於自己的另一半……我最大的願望是在這個房子裡舉行一場隆重而又盛大的婚禮，在這棟房子裡擁有一個屬於自己的家庭。」

時間果然是治癒的良藥，漸漸地，法蘭西絲的生活回到了正常的軌道上。她為自己的裝修工人烹飪美食；在羅馬，她經歷了一場美麗的邂逅，儘管擦身而過，沒有任何結局，但還是讓她重新燃起了對愛情的憧憬和期望；她的朋友生下了一個非常可愛的寶寶，有了一個完整而又幸福的家庭。最終，在她的古堡裡，舉辦了一場盛大而又隆重的婚禮。

這時，律師好友對法蘭西絲說：「看，你的願望已經全部實現了。有人吃你烹飪的美食，在你的古堡裡舉行了一場盛大而又隆重的婚禮，又有一個完整而又幸福的家庭。」

佛朗西絲看看身邊，突然之間恍然大悟。正如她曾聽說的那句諺語一樣——「想要去尋找瓢蟲，遍尋不到；放棄的時候，卻發現就在周圍」。

原來，法蘭西絲一直苦苦追尋的幸福始終都在她的身邊。因為她敞開了自己的心，所以才能看見幸福原來如此觸手可及。

孩子對未知的領域總是抱持著開放的態度，也更勇於探索，因為不害怕是否會受傷，不擔憂付出後是否會有收穫，反而在最平凡簡單的生活中，也能活得淋漓盡致！

相對而言，大人的批判性眼光、縝密的思考反而容易成為心靈負擔的來源，讓自己進退維谷。或許我們無法回到童年，但偶爾用卡通的角度看世界就會發現，原來嚴肅的世界也充滿著層出不窮的感動與歡笑，只要拿下現實的鏡片就看得見！

Release your Stress

★尊重自己最真的感受，並在最珍愛的人面前如實做自己。

★每個人心中都有一個小孩，難免會有想要任性的時候，偶爾寵愛一下自己又何妨。

★想一想：「如果幼年的我遇到這件事，會有什麼感受？會怎麼做呢？」

分享小事的力量 v.s. 功成名就才光榮

「從小事做起，先把火苗燒起來才能添柴。」

——保羅・格雷厄姆（Paul Graham）

每件事物對於不同的人都有不同的價值與觀感，但我們最容易用「世俗觀感」來評估事情的輕重好壞。可是，如果大家看重的事物代表很重要，那麼大家不看重的事物難道就不重要嗎？

就像外界總看重功成名就的價值，卻沒想到其中的犧牲與代價，如果一味追求，可能在還未達到目標之前，就失去了自我。與其用犧牲自我去換得眾人的認可，不如從手邊能及的小事做起，既不必憂心是否潛藏著對價關係，可能還會為人生帶來無窮的力量。

每一件小事，都是關乎生命的大事

有個孩子在海邊遊玩時，突然發現有很多魚兒被大浪捲到了岸邊，奄奄一息地躺在那裡。於是，孩子趕緊撿起一條條小魚用力地向海裡扔去。

這時，身旁的大人笑著說：「這麼多魚兒怎麼撿得完呢？別扔了。世界那麼大，多一條魚兒或者少一條魚兒，沒有人會在乎的。」

想不到，孩子一本正經地說：「小魚兒在乎！」

即使全世界都不在乎一條魚兒的死活，小魚兒仍然努力地想要活下去。更讓我們感動的是孩子純真無邪的心靈，在他的心裡，一切生命都是平等的，沒有貴賤、輕重之分。

但對大人而言，追求世間的榮華富貴可比這幾條魚兒價值多了，漸漸地，自然對生活上的小事不放在心上，殊不知，生命的光輝往往就建立在這些微不足道的小事上。例如：母親的一通關心電話並不亞於一通布告升遷的喜訊，一道妻子細火慢燉的煲湯並不遜色於米奇林五星級的菜餚。

一個會為小事而感動的人，往往會格外珍惜每一分生命的體驗；而那些把追逐名利視為人生大業的人，反而失去了這樣的感悟，所以常感人生虛無苦短。

所以，與其成天為了未竟的大業、社會地位不如人而煩心，不如把心思放在如何將生活中美好的感動透過自己的力量去溫暖更多的人。

當你將虛榮心減肥以後會發現，原來要成為一個具有影響力的人，不需要功成名就，更重要的是，擁有一顆將正面的意念傳遞出去，進而扭轉更多人不幸命運的心。

Release your Stress

★任何驚天動地的大事，都是始自某人所做的一件小事。

★專注做好平凡的小事，自然會成就不平凡的大事。

★功成名就並不是幸福的支票，每天把簡單的小事做好就是不簡單。

平凡之中自有不凡之處 v.s. 別人的總是比較好

「一個人的價值，應該看他貢獻什麼，而不是取得什麼。」
——愛因斯坦（Albert Einstein）

很多人盲目追求轟轟烈烈的生活，希望自己能夠擁有傳奇的一生，殊不知，傳奇的人生只是鳳毛麟角，大多數人的人生都是平淡無華的。因為轟轟烈烈的事件總是轉瞬即逝，只有平平淡淡的人生才能歷久彌新。其實，甘於平淡就是有所求而亦無所求，追求的是心靈的平靜，靈魂的涅槃，而非庸俗的功利。

如今，社會的競爭越來越激烈，物質的誘惑越來越紛繁，所以很少有人能夠甘於平淡，因而陷入痛苦的深淵。但是，如果能夠放下對物質的執著，回歸平實生活的美好，你會發現，即使在最平凡的生活中仍有彌足珍貴的人事，好好珍惜身邊伸手可及的幸福，遠比總是不辭勞苦追逐別人眼中的認同更「實在」，尋求心滿意足的人生竟然如此簡單！

平平淡淡才是真

小花因為老公的教職工作始終不見起色，因此鐵了心要和他離婚。她羨慕大學的女同學們婚後開跑車、住別墅，她羨慕女同事常常在分享老公情人節又準備了什麼禮物，她羨慕自己的妹妹嫁了位檢察官換來名利雙收。思來想去，只有她老公是個半調子，這些年來始終如一，沒有任何長進。

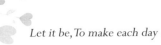

其實，小花的老公是個非常顧家的男人。

每天早晨，當她還沒起床的時候，他就起床去替老婆、孩子買早點；每當晚上，小花坐在電視機前開始看韓劇，他一個人吃完晚飯後還會順手洗碗；此外，每天接送孩子、一些簡單的家務，也都被他一手包辦了。即使這樣，小花還是覺得不滿足，她想要的是一個在商場或者是官場上叱吒風雲的男人，而不是老實在家裡做家務的男人。

離婚後沒多久，小花果真如願找到一個比自己大十幾歲的富豪，如願過起開賓士、住別墅的生活。然而，她卻很快意識到——再多部的賓士與再多棟的別墅其實無法取代一個真心愛自己的丈夫。

因為她後來選擇投靠的富豪仗著有一點錢，就四處拈花惹草，其中還不乏一些剛畢業的大學生。每當小花對此不滿的時候，富豪就冷冷地說：「你吃我的，花我的，難道還想管我嗎？」於是，小花常常一個人守著一棟空蕩蕩的別墅，不由得開始想念起以前平淡樸實的生活。

以前，每當她的家中傳出飯菜香的時候，鄰居太太都會羨慕地說：「小花，你真是有福氣啊！你看看，整個社區就你老公最顧家，而且做菜手藝又好，把你養得白白胖胖的！」如今，她卻從一個被男人寵愛的大小姐變成了一位深宮怨婦！

事已至此，她才發現自己已然失去了生命中最寶貴、最值得珍惜的生活。未來等待著她的，將是無止盡的孤獨。有時候，她會偷偷到學校門口看女兒。看著前夫牽著女兒的手走在路上，她的淚水潸然而下，在她眼中，這種生活曾經是那麼無聊乏味，如今卻是一個難以企及的美夢。

生活的滋味就像一杯白開水，在你最渴的時候就是最甘甜的滋潤。雖然白開水遠遠不如那些讓人眼花繚亂的飲料那麼好喝，卻總能適時緩解人們的乾渴，更是生命之源。人生中只有這種平淡真切的感情，才能夠不離不棄地陪你走過一生一世！

Release your Stress

★日常生活中的重複，是一種難得的幸福。

★過去的自己覺得未來會很幸福，現在的自己卻覺得過去才幸福，其實，珍惜每一刻就懂幸福。

★千年的相思才換來今生的相見，感謝那些生活中與你相伴的人。

做喜歡並拿手的事 v.s. 希望得到眾人認可

「快樂的祕訣不是做你喜歡做的事，而是喜歡你所做的事。」

——詹姆斯・馬修・巴利（James Matthew Barrie）

有人把人生比喻成一道加減法，有的時候需要加法，有的時候需要減法，但是絕對不會永遠都是加法，或者永遠都是減法。

就像在這個世界上，沒有任何人是全能的，每個人都有自己的優點和缺點，每個人都有自己擅長的事情和不擅長的事情。那麼，為什麼生活中有的人過得風生水起，而有的人卻始終事事不順呢？究其原因，是因為他們沒有正確地了解自己，挖掘自己的強項，因而未能找到適合自己的舞臺。

假如你總是拿自己的弱點去與別人的優點比較，怎麼可能會有成就感呢？相反

地，如果我們知道自己的優點，並以此發揮，你就站在一個較好的利基點，自然會更有信心一展長才，如此一來，勝算的機會就會更大。因為只有對於自己擅長或有興趣的事情，在碰到強大對手的時候，才可能堅持下去；在遭逢極其困難條件的情況下，仍然不會放棄；在遇到非常大的誘惑時，仍然能夠不離不棄。

眼看那些能在職場成功的人，他們對於自己的工作都有一定的熱誠。假如沒有興趣作為支撐，就很難做得長久。假如不擅長此事，就很難做出一定的成就。所以，不管是在生活中還是在工作中，我們一定要想辦法從事自己最拿手、最喜愛的工作，這樣每一天的付出都是一種肯定。

用夢想的建築經營人生

遼峰既顧家又有責任感，畢業沒多久他就與自己從小青梅竹馬一起長大的美麗結婚了，組成了一個幸福的家庭。

不過，因為遼峰在學的時候成績不太好，所以高中畢業就走入了社會，而美麗則是一位心血管醫師。因此，在外人眼中，他們的社會地位差距是如此之大，不過，因為兩家世代交好，再加上兩人自小又是兩小無猜，所以朝夕相處之下日漸生情，進而結婚也就順理成章了。

結婚沒多久之後，因為遼峰本身對廚藝很感興趣，所以開一家餐館是他一直以來的夢想。讓遼峰沒想到的是，從來沒有嫌棄過他的美麗卻堅決反對此舉。最終，遼峰選擇了妥協，他進入美麗工作的那家醫院當了一名司機，每天替院長開車。

隨著時間的流逝，美麗越來越看不起不思進取的遼峰。她看不慣遼峰每天按部就班地上班、開車、洗車，然而，她又不願意放手讓遼峰實現自己的理想。

因為本身對於司機的工作並無熱誠，所以遼峰漸漸地對工作失去耐心。最終因為一次不留心的交通事故被主管開除了，成了一個無業遊民。此後，他找了很多工作，但都不是他所真心喜歡的，因而沒有任何實績，總是半途而廢，不了了之。

看著遼峰日漸失志的樣子，美麗突然意識到自己犯了一個錯誤——她怎麼能把遼峰的人生，當成自己的人生經營？他曾經是一個心懷夢想的廚師，但因為不得不順從她的心願，所以拋棄了自己的夢想，卻也走上了一條每況愈下的人生下坡路。於是美麗的態度出現一百八十度的大轉變，她寧可擁有一個當廚師的丈夫，也不要一個意志消沉的丈夫。美麗拿出丈夫過去給家用剩下的積蓄，再加上自己的一點存款，協助遼峰開了一家屬於自己的餐館。

果不其然，此後遼峰就像變了一個人，他重新找回了自信，每天都精神抖擻地經營餐館的生意。很快地，在短短一年的時間之中，還有電視節目特別來採訪兩夫妻的小餐館，兩人也因為彼此在事業上各有各的專長與成就，減少了許多磨擦，而遼峰也對美麗的體諒感念在心，兩人的感情甚至變得比婚前更好了。

如果美麗始終堅持不願放手讓遼峰實現自己的夢想，那麼他必然越來越沉淪，直至徹底對人生失去希望和信心。

很多人都覺得人生是一個非常漫長複雜的過程，要想擁有美好的生活，往往取決於很多重要的因素。實際上，有時候，人生是一件簡單得不能再簡單的事情，簡單到只需要一個想法，就徹底改變了你的人生軌跡，擁有與眾不同的一生。

在讀大學期間，很多同學會發現，其實在一個班級之中，大多數同學的外在條件都相差不多，同樣的學歷、相似的經歷，誰也不比誰更優秀，誰也不比誰更差勁。而畢業十年之後的聚會上，大家就會非常驚訝地發現，十年前的一切都改變了，有些同學還是像以前一樣默默無聞，過著平淡的生活，而有些同學卻突然成為了人中龍鳳、出人頭地。為什麼變化會這麼大呢？

實際上，畢業後的變化雖然與人生的境遇有關，但與你是否朝著自己的興趣努力有著密不可分的關係。

如果只是一心想找一個可以受到眾人認可的工作，不論換哪一個工作，你都會再次陷入「這不是我想要的工作與生活」的痛苦中，當心負荷過重，很容易因為一些事件的衝擊就會想要離職，因此很容易在職場中載浮載沉，因為你找不到生命的重心。

不過，如果是從事自己有興趣的工作，無論有多辛苦、薪水福利很一般，但因為占據每天生活比重最多的工作足以餵飽你的靈魂，所以即使拖著疲憊的身體下班，卻有一顆充實的心，因為你掌握了人生的意義——「清楚地覺知自己是為何而做」，因此能在該領域做得可長可久，踏實地累積成就。

雖然工作只是人生的一部分，但選擇了什麼樣性質的工作，大概就代表了自己的人生觀，因此對於自己做什麼樣的工作真的不必費心計較，只要投入你喜歡的領域，能夠延續熱誠，最終會做出屬於自己的一番成績！

Release your Stress

★問自己：「做什麼事時，會讓我感到最快樂、最得心應手？」

★想一想：「有哪些專業領域可以讓我從事這樣的工作？」

★去做自己喜歡的工作，並把這樣的價值觀分享給身邊的人。

每個人都是一顆寶石 v.s. 用自己的眼光定義別人

「過於高估自己者一定會低估他人，而低估他人者又會壓迫他人。」

——塞繆爾．約翰遜（Samuel Johnson）

想像一下，假如你穿著一件顏色泛黃的T恤去逛珠寶店，是否會遭受店員異樣的眼光呢？不過，為什麼我們會遭受如此的待遇呢？

如果你本身是位學富五車或是心靈富足的人，是否還會在意他人的評價呢？

現代社會裡，貧富差距之所以甚鉅與新聞媒體的炒作不脫關係，大多數人都理所當然地認為所謂的白富美、高富帥就是人生的極致。

其實，每個人都是一顆獨一無二的鑽石，只是需要生命的淬鍊才能顯露光芒，至於那些符合世俗定義的「功成名就」、「名牌代言」，卻不見得能代表此人的實際價值，因為我們想要過什麼樣的人生，不需要別人替自己定義，只要你能體悟到生命的豐厚並不在於外在的得失，而在於你做每一件事是否能順從自己的內心？完成的當下是否能讓內心感到平靜？此時，你曖曖含光的光芒即使在人群中也會耀眼奪目。

最富有的人，是能實踐內心直覺的人

很多年前，有一對衣著樸素，甚至穿得有點寒酸的老夫婦，千里迢迢地坐火車來到哈佛大學。老夫婦對校長秘書說想見校長，但是秘書上下打量了他們一番，不屑一顧地瞥了兩人一眼，冷漠地說：「今天一整天，校長都很忙，沒時間接待家長。」

不過，秘書的心裡卻在想：堂堂哈佛大學的校長是你們想見就能見的嗎？

不過，老婦人依舊保持禮貌性的微笑說：「沒關係，我們不趕，老伴，我們就在這裡等吧！」

這一等，好幾個小時過去了。

這段期間，校長秘書始終在忙著自己的事情，根本沒有時間搭理老人家，連倒杯水都顯吝嗇。其實，秘書打從心底希望他們能夠知難而退，趕緊走人。不過，這對老夫婦卻顯得非常有耐心，一直毫無怨言地坐在那裡等。

最終，校長秘書沉不住氣了，到校長室向校長提議說：「我想以這對夫妻的程度不會耽誤您太長時間，請您見見他們吧！」

校長為了趁早打發夫婦二人，他採納了秘書的建議。

見到校長之後，老婦人非常誠懇地說：「我們的兒子已經進入哈佛大學學習一年的時間了，他覺得在這裡過得很快樂。」

話才說到一半，校長就不客氣地打斷了婦人說：「夫人，非常感謝你的兒子如此愛戴哈佛，眾所皆知，哈佛的學生都是這樣的。」

老婦人毫不介意校長的無禮，接著說：「但是……因為一場意外，一年前他離開了我們，去了美麗的天國。」

「噢，夫人！」基於禮貌，校長表示哀悼之意。

老婦人又接著說：「為了紀念我們的兒子，我和丈夫想在學校的某個地方為他樹立一個紀念碑。」

聽到這裡，校長趕緊說：「對不起，夫人，對此我深表遺憾，你應該知道，哈佛的學子成千上萬，我們無法為每一個進入哈佛大學後不幸死去的學生樹立紀念碑。假如每個人都希望學校這麼做，那麼，我們的校園就會變得和墓園一樣了。」

老婦人似乎深怕校長拒絕自己的請求，趕緊解釋說：「對不起，校長先生！我能理解您的苦衷，所以，我們並不想只為兒子樹立一塊紀念碑，我們是想要替哈佛建座學院大樓，這樣也能夠嘉惠其他的孩子。」

這番發言讓校長大吃一驚，他不禁再次認真地打量了眼前這兩位衣著樸素的老夫婦：老人穿著粗布的西裝，一看就是便宜貨；婦人穿著條紋棉布衣衫，還皺巴巴的。

校長懷疑地問：「你們知道建造一棟大樓要花多少錢？在哈佛，僅僅是為了照顧那些觀景植物，每年就花費超過七百五十萬美元。」

實際上，校長的言外之意是：你們有那麼多錢嗎？你們的想法簡直是太幼稚了！

聽了校長質疑的提問，老婦人開始沉默不語。她的丈夫一聲不吭地看著她，似乎也不知道接下來應該說些什麼。不過，校長倒是如釋重負地喘了一口氣，暗自高興地心想：這下終於讓他們死心了……

經過良久的沉默後，出乎校長意外的是，老婦人面不改色地對丈夫說：「親愛的，假如建造一所大學並不需要耗費太多的錢，我們為什麼不建一座大學來紀念我們的兒子呢？」

說完這些話之後，這對老人——史丹佛夫婦離開了哈佛，隨即前往加州。在那裡，夫婦倆以兒子的名字命名，創建了史丹佛大學。

原來，這位老人是美國加州的鐵路大王利蘭．史丹佛（Amasa Leland Stanford）。

如今，史丹佛大學被視作「西岸的哈佛大學」，是美國占地第二大的大學，全美學術排名第一，被公認為是世界上最傑出的大學之一。

因此，不管在什麼情況下，千萬不要因為別人的衣著樸素而看低別人，更不要因為別人衣著華麗就對其阿諛奉承，卑躬屈膝。

不論尊卑，每個人對於自己的人生都是一顆無可取代的寶石，我們沒有資格去評論別人，更沒有資格用批判的眼光來決定對方的人生價值。

抛開世俗有色的眼光，你才能看到他人真正的優勢，一顆真正的無價之寶即使未經雕琢，也能價值連城。

Release your Stress

★抛開批判的心，不再恐懼別人的眼光，不再退縮，你會活得更自在。

★除了你自己，世界上沒有任何人有資格決定你的價值、評論你的作爲。

★只有你知道自己想過什麼樣的人生，別人的標準對你未必適用，不必盡信。

別人不過是我們人生的其中一面鏡子，
不必過度自負，
也無須過度倚賴，
每個人都有自己與生俱來的使命，
唯有你是最了解自己的伯樂。

Chapter 4

減輕「外人」影響力，回歸內在自我與生命的對話。

凡事寄望自己 v.s. 凡事寄望他人

「相信別人，更要一百倍地相信自己。」

——手塚治虫

信任，是人與人之間深交的前提，而且是必要條件。假如沒有信任作為根基，人們很難願意進一步交流，更別談成為朋友。然而，很多人卻不知道要想取得別人的信任有一個必要的先決條件，就是要先相信自己，別人才會相信你。

試想，假如你根本不相信自己，那麼，別人又憑什麼要相信你呢？歸根究柢，一個對自己滿懷信心的人，或是相信憑著自己的努力一定能夠實現目標或是兌現諾言的人，才會受到別人深切的信任。

舉個最簡單的例子，在生活中，每個人都有購物的需求，如果只是買些小物件，單憑個人的喜好判斷即可，若是要購買的東西是一棟房子或是一張動輒要繳數十年的保單，我們就會依賴房仲、保險業務等人的專業協助。

在這種情況下，身為一名業務，你必須取得客戶的信任，才能夠成功地做成生意。甚至，假如你具有成為一名成功業務的能力，那麼幾乎任何形式的業務，只要有足夠的時間學習其專業，你都一定能夠勝任。因此，只有選擇先信任自己的人，才有讓別人相信你的機會。所以不必總把希望寄託在他人身上，若是與預期不符，又會黯然神傷，不如信任自己，把焦點放在自己能做的事情上，更能掌握時效與績效。

先相信自己，別人才會相信你

孝仁大學畢業後就回到中南部的家鄉創業，開辦了一家加工廠，專門為電子工廠加工一些小零件。可能是因為他太年輕了，缺乏創業經驗，也可能是因為他的工廠規模太小，以致於他們的訂單量始終非常小。為了改變這種狀況，孝仁親自到北部參加各種大型展覽會，希望能夠藉此多認識一些客戶，接到一些大訂單。

在展覽會上，孝仁非常認真地了解了一些電子工廠的現況，並且根據這些情況做出了具體分析。他發現：很多大的電子工廠之所以不願意和小的代工廠合作，主要是擔心品質的問題。

在和某家廠商洽談合作事宜的過程中，孝仁見到對方對自己工廠的生產品質心存疑慮，於是他非常自信地拿出公司的樣品，並且向對方保證生產出來的產品一定都能夠達到和樣品一樣的品質等級。見到孝仁充滿自信的樣子，廠商採購決定勇敢一試，雙方先簽訂了一筆小訂單，假如產品品質沒問題，隨後會再將大訂單轉給他。

就這樣，孝仁通過了對自己自信的考驗，為自己的加工廠爭取到了一個非常關鍵的機會，這次交貨之後，電子大廠果然對他們的產品品質非常滿意，接下來也如最初允諾般陸續給了他們很多訂單。孝仁的事業就此順利進入中小企業的營運常軌。

馬力是個非常優秀的國際知名酒店大廚，並被酒店派去日本學習烹飪海豚的廚藝。原來，日本人之所以喜歡吃河豚並非他們不怕死，而是因為他們信任烹製河豚師傅的高超廚藝。在日本，每個河豚廚師都必須接受一年以上的專業培訓，只有考試合格以後，才能得到烹製河豚的執業證書。

在學習過程中，馬力發現烹製河豚的過程極其嚴格：每個廚師都有一個特製的帶鎖的垃圾筒，開始處理河豚的時候，會先把鎖打開，然後再把有毒的內臟全部裝進垃圾筒裡，接著還要嚴謹地鎖上。僅僅在加工去毒的環節，就有高達三十多道繁瑣的步驟！不過，馬力非常認真地學習，從理論到實務，他認真揣摩每道工法，嚴格要求自己，絲毫不敢疏忽大意。

由於馬力原本就是手藝高超的廚師，基本功非常紮實，再加上他的勤奮和努力，在即將結訓之際已經熟練掌握了烹製河豚的全套技術。

因為日本對食品安全要求非常嚴格，因此考試的過程也是異常艱辛。學員必須在現場操作，主考官站在考生身旁進行全程監視，一旦發現學員在操作的過程中有錯誤的地方，主考官就會當場淘汰學員。所幸，馬力的技術非常嫻熟，遊刃有餘，每道工法都分毫不差，就連旁邊的主考官都情不自禁地點頭讚許。

在經歷了繁瑣的烹煮過程之後，最後決定性的考驗居然出乎意料的簡單。

主考官告訴馬力：「只要你吃掉自己做的河豚料理，那麼你就認證合格了，當場就能拿到證書。」聽完，馬力夾起一片河豚生魚片，正準備往自己的嘴巴裡送時，他卻突然猶豫了，拿著筷子的手懸在半空中，他的表情非常凝重，經過兩分鐘艱難的抉擇之後，他選擇了放棄。因此，馬力一年多的學習功虧一簣，他不僅沒有順利拿到畢業證書，而且回國後還被原來的酒店所解雇了。

在上述兩個事例中，孝仁之所以能夠獲得成功，是因為他發自內心的自信，成功地說服了別人。而馬力呢？假如連他都不敢吃自己所烹飪的河豚，那麼他的客人還敢吃他做的菜肴嗎？

因此，如果你總是覺得公司為何從未指派重責大任給你，或是與人交往一段時間後，朋友就日漸冷淡了，或許你應該好好地想一想：平時在公司裡是否展現出一副難擔大任，遇事愛推拖，遇錯忙卸責的樣子？在朋友或情人面前，你是否總展現出自己最萎靡的一面，總是不斷質疑自己的努力為何都沒人看見？總希望別人一直給你溫情的支持。

如果是這樣，現在就開始調整自己的心態吧！只要不過度自傲，沒有人不喜歡和充滿自信、對人生充滿熱誠的人親近，因為每個人都亟需正面的力量，而這決定性的正面能量往往就來自你心底。

自信是所有奇蹟的根基

一般情況下，要想獲得成功，你必須具備很多條件，古人常以六字精簡了這些條件，即天時、地利、人和。對現代社會而言，成功所需要的條件就更多了，諸如智商、情商、經濟基礎、教育背景、人脈關係、機遇……等等，不過，這所有的條件加起來也不如一個條件重要——自信。

不管你的能力多麼強，也不管你認識多少有權有勢的人，更不管你的學歷有多高，要想成功，你必須要具備一定程度的自信。雖然自信的人最終未必能夠獲得成功，但是成功的人肯定都是非常有自信的。

成功學的創始人拿破崙．希爾曾說：「自信，是人類駕馭宇宙無窮智慧的唯一管道，是所有奇蹟的根基，是所有科學法則無法分析的奇蹟發源地。」

這位世界上最偉大的勵志成功大師，他如火如荼的熱情、堅定不移的自信和他所創建的成功哲學以及十三項成功原則，使千百萬人受到了極大的鼓舞，開創了自己的嶄新的人生。所以，人們尊稱他為「百萬富翁的創造者」。

為了幫助人們獲得成功，拿破崙．希爾曾提出了一種幫助人們獲得自信進而致富的方式。

由於欲望是所有成就的起點，為此，希爾提出了用自我暗示刺激潛意識的六個明確步驟：

1.在腦海中設想自己希望得到多少金錢，必須說出一個非常準確的數字。
2.明確寫下自己能夠為此付出多大的努力。
3.明確寫下自己能夠得到金錢的日期。
4.制定一個實現夢想的周密計畫。
5.列一份清單，寫出這個計畫的前四個步驟，放在自己隨時都能看到的地方。

6.把這份自信致富的祕訣銘記在心，每天背誦一次。

其實，從這個自信致富公式來看，在某種意義上，自信就代表一種自我暗示。正是在這種強烈的自我暗示之下，人們才能按照自己內心的期望昂首闊步走向成功。

十八年代，當時美國經濟界的三大巨頭之一的鋼鐵大王安德魯．卡耐基也曾寫下自己的成功語錄：

「對於有些年輕人而言，假如他有機會和高層長官進行直接接觸，那麼就意味著他的人生戰役已經有了半數的勝算；而每一位年輕人的遠大目標應該設定在能夠吸引高層主管關注之事，所以，勢必要超出自己的職責範圍多做一些。」

「即使有人奪走我全部的工廠、設備、市場、資金，只要保留我的基層人員，那麼，四年之後，我還是能成為一個鋼鐵大王。」

「一個人可以寫在歷史扉頁裡的最高頭銜，就是他自己的名字。」

從卡耐基的經典語錄中我們不難發現，對於卡耐基而言，他有足夠的信心和勇氣，才認為在只有基層員工的情況下依舊能再次創造自己的事業高峰。這是一種運籌帷幄的自信，這是一種必勝的信念！正是因為如此，卡耐基才能獲得如此巨大的成功！

自信就是一種釋然，不管面對什麼事情，不管在什麼情況下，你都能夠堅定相信憑藉自己的努力一定能夠做得很好。自信是一種從容和鎮定，似乎整個世界都在你的把握之中，只要做好自己，你就贏得了全世界。不必苦心追求的自信就是我們人生最大的寶藏，更是別人偷不走的祕密。因此，與其把心思放在擔憂別人能否看到你的努力，不如對此釋懷，將重心放到自己身上，當你願意為自己而努力，而不必為別人而努力之時，你的表現會更有爆發力！

Release your Stress

★自卑的人習慣說：「我不行。」自信的人習慣說：「我可以。」結果就是自卑的人眞的不行，而自信的人卻眞的成就了自己。

★科學研究成果表明，一位普通人只要發揮體內百分之五十的潛能，就可以學會四十多種語言，獲得十二個博士學位。

人人都是慈悲菩薩 v.s. 忘不了那些傷害你的人

「當你原諒別人時，你不可能改變過去，但你肯定將改變未來。」

——伯納．德梅哲（Bernard Meltzer）

小時候，很多父母都會要求孩子背誦《三字經》，第一句就是「人之初，性本善」。但是，等我們長大之後，還有多少人願意相信「人性本善」？還有多少人願意本著善念，去對待每一個曾與我們相識的人？

一個心靈純潔無瑕的孩子，就像一張潔白的紙，染黑則黑，染黃則黃。人是群居動物，環境對於人的影響更是不容小覷，尤其是在孩童階段，正是人生觀、世界觀和價值觀正在構築成形的階段，正是形成善惡是非觀念的階段，所以顯得尤其重要。

假如孩子的父母從小就告訴他社會的光明面，那麼他就能夠以一雙善良的眼睛看待世界，以一顆美善的心靈感受所有美好的事情；相反地，假如孩子自幼父母就不斷灌輸他外面世界充滿危險的觀念，這個孩子就會用一種批鬥的眼光來看社會，這樣的孩子容易從傷害自己（自暴自棄）進而變成傷害他人的人。

因此，仇恨總是能夠蒙蔽人們的眼睛，使他們無法看到美好的事物，而只看到醜陋的一面。那麼，我們何不以美善的眼光來看世界，當你用愛接納這個世界，這個世界較為美好的一面也會走進你的人生。

在現實生活中，每個人都難免與別人產生一些誤會、摩擦，有的人心胸狹隘，無法容忍任何的誤會和委屈，最終形成了睚眥必報的心理。然而，他們卻沒有意識到：他們的人生之路已經被仇恨徹底斬斷了。

相比之下，那些心胸寬廣的人因為心中充滿寬容，所以非常善於化敵為友，最終能在眾人的扶持下使自己的人生之路越走越廣。

從不同角度來看，恨是毀滅人類的最終力量，而愛卻是讓人類團結的力量，而你，想要擁抱一個什麼樣的世界？

誰在提著發臭的怨念垃圾？

有個人曾被別人深深地傷害了，一直以來，他始終牢牢地記著這件事情，而且每天都在等待機會給自己一雪前恥。因為每天都會情不自禁地想起這件事情，而且有時候一想到這件事情就怒不可遏，所以他非常苦惱。為此，他去找大師訴說心中的憤怒以及自己的苦惱，想請大師指點自己如何才能在一雪前恥前讓自己變得好受一些。

大師淡定地開示：「要想擺脫和超越傷痛，只有一個辦法：原諒傷害你的人。」

這個人大聲驚呼：「原諒他？這樣也未免太便宜他了！」

大師笑著反問他：「你認為自己的氣憤持續的時間越長，就越能折磨對方嗎？」

這個人還是忿忿不平地說：「至少我不會讓他好過。」

大師微微一笑地回問：「如果你想提一袋垃圾給對方，使其感覺到臭氣難聞，想一想，是誰一路上都在聞著垃圾的臭味？」

聽到大師的提問，這個人陷入了沉思，片刻之後，他尷尬地說：「……是我。」

大師說：「緊握著忿恨不放，和你自己想要扛著一袋臭垃圾卻想去熏死別人是同樣的道理，這豈不是很可笑嗎？」

大師開示，話已至此，這個人恍然大悟後，放下心中的仇恨，謝過大師，心滿意足地離開了。

選擇原諒傷害自己的人，這樣做不是為了對方，而是為了自己，因為能夠使自己的心靈擺脫不斷回想受苦過程的煎熬和糾結，使自己的心靈獲得寧靜和安樂。

和逝去的緣分，笑著揮手道別

最近，小米的心情非常糟糕，上班的時候，她總是失魂落魄，丟三落四。後來，同事們才知道她和男友艾倫分手了。

問題是，艾倫和小米在同一個公司上班，只要看到艾倫，分手的痛苦就會在小米的心裡不斷加劇。

那段日子，小米會突然在工作的時候放聲大哭，有時候還會默默地跑到艾倫的家門口坐在那掉眼淚。每當這時候，艾倫就會滿臉愧疚地躲開，然而，愛情卻無法強求，也不需要同情。

待一個月過後的某天早晨，大家發現今天的小米格外神采奕奕，而且還微笑著和每一個認識的人打招呼，甚至包括艾倫在內。那天的小米化了淡妝，人充滿了元氣，看到小米的轉變，也讓同部門的同事心情為之一振，還紛紛誇小米越來越漂亮了。

午休時，艾倫正巧在等電梯，見到小米的時候，他又趕緊像往常一樣準備轉身躲開。想不到，小米卻落落大方地走過去跟他打招呼說：「聽說你上個月拿了很多獎金，有空的時候可要請我吃飯哦！」那一刻，艾倫漲紅了臉，不知怎樣回答才好，不過，他感覺自己以後不必再躲著小米了。

看見小米的轉變，鄰座的同事不禁好奇詢問，小米淡淡地笑著說：「昨天晚上，我突然之間明白了一個道理：即使讓別人自覺有罪，我也無法得到失去的快樂。和失去自己比起來，失去一個男友還是可以接受的。因此，我決定原諒他，因為這是善待我自己最好而且是唯一的方式。」

《約翰福音》第八章中記載著，面對一個犯錯的婦人，耶穌曾說：「假如你們中間有誰是沒有罪的，那就可以先拿石頭丟她。」

每個人都有難免犯錯的時刻，更何況在大多時候，對與錯只是立場的不同。與其對不開心的經歷耿耿於懷，不如記得那些曾經一同歡笑過的片段，因為曾經付出過真情，對於不如預期的結果才會有怨，只要自己曾經付出真心就已足夠，何必掛心那些自己能力無法控制的轉變呢？

Release your Stress

★遺忘並釋放曾經受傷的自己，就能遠離溯及既往的痛苦。

★原諒一個人，意味著接受自己曾經做了錯誤的判斷，看錯了這個人。

★原諒一個人，意味著放棄繼續生氣的權力。

付出就是獲得 v.s. 心裡總是不平衡

「生命的意義在於付出，在於給予，而不在於接受，也不在於爭取。」

——巴金

古人云：「與人為善，就是於己為善。」

人是群居動物，每個人都難免要和別人打交道，假如你總是對別人心懷惡意，或是心懷戒備，那麼，你不僅會很累，而且還會與很多原本有機會成為朋友的人失之交臂。確實，現代社會越來越複雜，害人之心不可有，防人之心不可無。但是，防範也不能過度，我們不能把自己囚禁在牢籠之中，讓別人進不來，自己也出不去。

因為在現代社會，不管是在工作還是在生活中，人們的分工越來越明確，要想使自己圓滿地完成老闆交代的一個任務，或是實現自己的一個心願，我們很難獨立完成，必須透過與別人的互助合作，這時，平實的人際關係就顯得非常重要。那麼，如何才能與別人融洽相處呢？最重要的就是要學會善待他人。如何才算是善待別人呢？

首先要對人真誠。不管是熟人之間，還是在陌生人之間，我們都要學會真誠。因為，真誠是待人的第一要義。其次，要善良。擁有一顆善良的心的人，才能真心善待他人。最後，要學會包容別人，寬容別人。

這個世界上沒有絕對完美的人，而且也沒有絕對相同的兩個人。每個人都是一個獨立的個體，都有自己的個性，因此，在與人交往的時候，我們要學會包容與寬容。也許，對方的某些地方是你所不欣賞的，但是這並不妨礙你有可能會欣賞他的一天。假如你總是因為一個人的身上有你所不喜歡的地方而疏遠他、排斥他，那麼你永遠也無法找到自己的朋友。

人應重大義而輕是非

戰國時代的名將吳起愛兵如子，因此深得士兵們的愛戴。

在某場戰爭中，一個剛剛入伍的小兵受傷了，由於戰場上缺醫少藥，因此等到打完仗回到後方的時候，小兵的傷口已經化膿生疽。在巡營的時候，吳起發現了這個情況，他毫不猶豫地蹲下來，用嘴為那位士兵吸吮傷口，消炎療傷。

那位小兵看到大名鼎鼎的將軍居然如此對待自己，感動地熱淚盈眶，一句話也說不出來。其他士兵們看在眼裡，記在心裡，深受感動。

當那位士兵的母親聽說了這件事情之後，不由得大哭起來。

起初，大家都以為她是因為太感動才哭泣的，但是她卻出人意料地說：「我是在為我兒子的命運擔心呀！你們有所不知，當年，吳將軍也曾經為另一位小兵處理過傷口，最終，這位士兵感念吳大將軍的恩情，捨生忘死英勇殺敵，最後戰死沙場。」

從這件事情中不難看出，士兵們之所以個個英勇善戰，正是因為吳起的愛兵。

眾所皆知，古代偉大的教育家孔子有一個叫顏回的得意門生。

有一次，顏回看到一個買布的人和賣書的人吵架。

買布的人說：「三八二十三，你為什麼非要收我二十四錢呢？」

見此情形，顏加趕緊上前勸道：「你算錯了！三八是二十四。不要再吵了。」

此時，買布的人不屑一顧地指著顏回的鼻子說：「你是什麼人？居然平白無故地指責我。我只聽孔夫子的，咱們找他評理去！」

顏回問：「假如孔夫子說是你錯了，你準備怎麼辦？」

買布的人不假思索地說：「假如孔夫子說是我錯了，我就把自己的腦袋給你。」

他又反問道：「假如是你錯了怎麼辦？」

顏回說：「假如是我錯了，我就把帽子輸給你。」

說完，兩個人一起去拜訪孔子。

孔子問明情況之後，笑著對顏回說：「三八就是二十三。顏回，你輸了，趕緊把帽子給人家吧！」

顏回百思不得其解，心想：三八明明是二十四啊？老師肯定是老糊塗了。不過，為了老師的面子，他不得不把帽子送給了買布人。那人拿了帽子，高高興興地走了。

直到此時，孔子才告訴顏回：「說你輸了，只是輸一頂帽子，假如說他輸了，那可是一條人命啊！你說，是人命重要，還是帽子重要呢？」

顏回跪在孔子面前說：「老師重大義而輕是非，學生慚愧萬分！」

那些不求回報、慷慨付出的人，總是能夠無心插柳柳成蔭；而對於那些斤斤計較、自私吝嗇的人來說，他們不僅很難找到合作夥伴和真心的朋友，甚至還有可能成為孤家寡人。

為自己著想雖然沒錯，但若每件事、每種關係都以自己為優先考量，甚至要求「對價回饋」的關係，不僅會失去結交新朋友的機會，也會因自己過於「重利」的心理，而吸引到那些同樣「對你有所求」的人，反而必須更汲汲營營地經營關係，把簡單的交友交心搞得患得患失、疲累不堪。

原先希望透過衡量的天秤讓自己不至於在關係中有所損失，最後可能淪於斤斤計較的想法，而失去願意無價相信一個人的單純美好。

而那些喜歡與人為善的人總是主動關心他人，當朋友遇到困難的時候，他們會主動伸出友誼的援助；他們不會在背後議論、批評他人；他們尊重他人，不去探究他人的隱私；他們善於和別人溝通、交流；他們喜歡認可別人，給別人更多信心和勇氣去面對生活……。

總而言之，「己所不欲，勿施於人」是善待他人的原則，假如你能夠設身處地地為對方著想，從而讓彼此建立一個良好的關係，為自己的人生多贏得一個好友，而不是多樹立一個敵人，何來的損失呢？

Release your Stress

★越是平常心看待，回饋往往會超乎想像。

★你永遠沒辦法要求一個人應該怎樣對你好，但至少你可讓自己變得更好，讓你不用去求、去抱怨就能實現自己的期望。

★每天一點無私的付出，會讓生活變得更有元氣、更快樂。

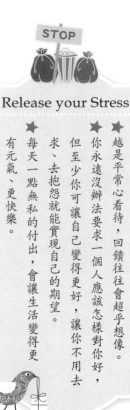

寬以待人，嚴以待己 v.s. 嚴以待人，寬以待己

「弱者永不寬恕，寬恕是強者的性格。」

——甘地（Mahatma Gandhi）

在生活中，很多人對自己的要求很低，處處隨心所欲，自由散漫，但是對別人的要求卻很高，甚至自己做不到的事情竟也要求別人要做到。這種人，往往很難得到別人的尊重。

孟子曾經說過：「己所不欲勿施於人。」因此，一個人只有先嚴格要求自己，才能嚴格要求別人。當然，這只是人生的第二重境界。真正的一流境界是智者才能擁有的，他們心懷寬廣，心存善念，總是能夠做到嚴以律己，寬以待人。毫無疑問，每個人都想和這樣的智者交往，因為他們就像春風一般能夠撫慰人心。

要想做到嚴於律己，寬以待人，我們首先要嚴格要求自己。在生活和工作中，我們應該時刻反省自己，提醒自己，一定要尊重別人，推己及人。在為人處事的過程中，不管我們對別人的要求是高還是低，我們必須保證自己做得很好，以身示範。

其次，要寬容地對待別人。

遇到事情的時候，要多站在對方的立場上考慮問題，設身處地地為對方著想。除非是原則性的問題，不然，最好不要對別人求全責備，要知道，每個人都有缺點和不足，我們應該學會寬容地對待別人。

假如你能夠真正地做到這兩點，那麼你的人脈關係一定會越來越廣泛，因為圍繞在你身邊的朋友只會越來越多。然而，說起來容易做起來難，雖然「嚴於律己，寬以待人」只是簡單的一句話，但卻蘊含著為人處事的深刻哲學。

懂得感恩，讓你學會寬容

現在，很多的年輕人只會抱怨父母沒有提供自己很好的物質條件，但他們卻忘記了正是因為父母的無私付出，他們才能夠平安長大。有些人抱怨自己的工作不夠順利，沒有得到更多的薪水，卻忘記了感恩自己能找到一份穩定的工作，很多人至今仍然在求職的困境中掙扎。正是因為心無感恩，所以這些人總是索求無度，滿心埋怨。假如你擁有一顆感恩的心，那麼你對世上很多事情的看法都會改變。

當你知道滴水之恩當湧泉相報的時候，你就能夠感念父母的養育之恩、同事之間的知遇之恩、朋友之間的相知之恩。記住，千萬不要等到失去了，才懂得珍惜。

一次，美國前總統羅斯福家遭到小偷的洗劫，被偷走了很多東西。

聞訊後，一位朋友趕緊寫信安慰他，勸他不要太在意身外之物。此時，羅斯福回信給朋友：「親愛的朋友，非常感謝你來信安慰我，現在，我非常平靜。感謝上帝：首先，小偷只偷去我一部分東西，而沒有偷走我的所有財產；其次，小偷偷去的僅僅是我的東西，而沒有傷害到我寶貴的生命；最後，最值得慶幸的是，做賊的是他，而不是我。」

一個懂得寬容的人，廣闊的心胸也會為他換來更大的人生格局，羅斯福總統就是本著這樣的胸懷治國，在第一次世界大戰後，成功地幫助美國人民度過了經濟大蕭條，至今在美國人心中的地位仍難以動搖。

自從結婚之後，米羅因為工作上的不順心，所以常被妻子朱莉批評得體無完膚。原本，朱莉之所以和米羅攜手共度一生，主要是因為她覺得米羅是一支潛力股，能夠獲得很好的發展。然而，幾年的時間過去了，事實證明，米羅的工作非但沒有起色，反而因為一些莫名其妙的原因每況愈下。

最終，朱莉決定離開失意的米羅，儘管米羅很傷心，卻絲毫沒有責怪朱莉的意思，甚至，米羅還把唯一的房產和存款都給了朱莉，並且寫了一封信給她。

在信中，米羅真誠地表達了自己的歉意：「朱莉，非常抱歉，和我在一起，沒有讓你得到預想中的幸福。即使這樣，這段短暫的婚姻生活依然是我人生之中最美好的回憶。謝謝你，是你使我成長，從一個男孩轉變為一個男人。在以後的日子裡，我會一直默默地祝福你，希望你能夠得到自己想要的幸福。」

朱莉能夠看得出，米羅絲毫沒有抱怨她不能安守清貧，而是真心誠意地祝福她在今後的人生中找到自己的幸福。也許事情的結局有些出人意料，在離婚兩年之後，朱莉又選擇了回到米羅的身邊。

因為，她知道，米羅是一個心懷感念、非常寬容的人。而這樣的一個男人，是她用盡一生、散盡錢財也遍尋不到的，她終於知道自己需要的是什麼。

很多時候，人與人之間的糾紛和爭吵原本是可以避免的，但就是因為其中的一方不夠寬容，所以，因為不值一提、微不足道的小事，人們吵得不可開交。假如我們都能夠覺察自己的心性，使自己變得更加寬容，那麼生活就會少一些爭吵，多一些理解的微笑。

有人說寬容是一種修養，也有人說寬容是一種境界，其實，寬容更像是一種忘卻，忘卻別人對你的傷害和指責，心無芥蒂地對待別人。如果想使自己的生活少一些戰爭的硝煙，多一些春日的和煦溫暖，那麼，不管我們做什麼，都能寬容地面對一切，回收輕鬆愜意的人生。

其實，不管是名人也好，還是凡人也罷，每個人在生活中都有很多值得自己感恩的人事。例如：辛苦撫育我們成長的父母、不離不棄的情人、健康可愛的孩子、一起合作奮鬥的同事……甚至是一顆鮮綠的小草、一株默默無聞的野花。總而言之，只要懷著一顆感恩的心，我們就能夠在生活中發現更多的美好，從而心懷感念，更加寬容地待人待己。

Release your Stress

★換位思考：如果今天我是對方，會希望自己如何被對待？

★面對一時的衝突或矛盾，想一想：這會造成什麼難以挽救的重大後果嗎？

★把嚴格的標準放在自己身上，把寬鬆的原則放在別人身上。

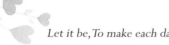

覺察內心了解自己 v.s. 對自己未審先判

「外面沒有別人，只有你自己。」

——張德芬

「橫看成嶺側成峰，遠近高低各不同。不識廬山真面目，只緣身在此山中。」蘇東坡的這首詩詞之所以能夠流傳千古，膾炙人口，主要是因為它非常真切生動地描繪了廬山的迷人景色。

假如認真揣摩一下，你不難發現，這首詩中也包涵了對社會、對人生哲理的深入探討。尤其是在認識自我的層面，這首詩何嘗不是一個美妙的註解呢？

人們常說世上最了解自己的人應該是自己，實際上，卻很少有人能夠真正全面地認識自己。有的人看別人看得很清楚，但是看自己卻渾然無所覺。有的人非常自卑，總是感歎自己處處不如別人，其實，他原本很優秀，只是沒有發現自己的長處；有的人非常自負，總是覺得自己處處高人一籌，因而不把任何人放在眼裡，殊不知，自己已經成為了別人眼中不自量力的小丑。

其實，上述這種認知對自己都沒有什麼好處，我們既不能妄自菲薄，也不能自尊自大，而要客觀公正地評價自己。假如你認為很難正確地認識自己，那麼不妨看看自己身邊的朋友。

俗話說：「人以類聚，物以群分。」那些圍繞在你身邊的朋友，一定是在某些方面與你契合的人。因此，要想了解自己不同的層面，不妨問問朋友對你各方面的評價。此外，你也應該認真地審視身旁朋友的優缺點，從而反思自身。

覺察天賦的存在，創造無價的人生財富

玲倩是一個非常自卑的女孩子，進入大學之後，這種自卑感就更深了。

原來，玲倩自幼家境非常貧寒，因此玲倩從很小的時候就必須幫助家裡分擔家

務，而且還要照顧年邁的奶奶。為了替自己賺學費，玲倩從五歲開始就和奶奶一起去做資源回收，但她卻從來不以為苦。

到了大學以後，玲倩看著女同學們每天開心地參加社團聯誼，大學生活如此多姿多彩，但玲倩只能把時間都花在工讀上，為了現實生活她沒有多餘的時間可以交新朋友，更別說去參加夜遊、社團。

為此，玲倩變得更加自卑和內向了。她很少和同學們往來，不管是上課、吃飯還是去圖書館，她都是自己一個人。

有一次，在作文課上，老師把玲倩的作文當成範文朗讀給全班同學聽，並且鼓勵玲倩把這篇文章投稿到報社。想到自己的文字將會被發表在報刊上，玲倩不禁開始懷疑自己，然而，在老師的再三鼓勵之下，玲倩還是把這篇文章拿去投稿。

一個月之後，玲倩收到了生平的第一筆稿費——五百元。拿到這筆錢之後，向來捨不得打長途電話的玲倩在第一時間打了電話給爸爸媽媽，告訴他們這個好消息。

在老師的鼓勵下，玲倩走上了文學創作的道路。在創作的領域上，她也盡情地抒發著自己的感受，詮釋成一篇篇美好佳作。漸漸地，同學們都認為玲倩是一名「才女」，她也越來越有自信。

這時，玲倩突然發現，雖然自己暫時無法改變貧寒的家境，也沒有足夠的金錢打扮得像那些女同學一樣漂亮，但是她卻能夠寫出一手好文章，這是任何人都無法比擬的。

隨著自信心的提升，玲倩逐漸變得活躍起來，她各方面的成績都越來越優秀，人也變得越來越開朗，甚至還代表班級參加了學校的演講比賽。最終，玲倩成為了一個非常自信、出類拔萃的優秀學生。

假如玲倩沒有發現自己在寫作方面的特長，那麼她可能會擁有一個充滿灰色記憶的大學生活。不過，幸運的是玲倩有一位好老師，老師的欣賞讓玲倩認識到自己的特長，從而擷長補短，徹底改變了自己的人生。

在生活中，每個人都有自己的特長，即使卑微如醜小鴨，只要能夠堅持不懈地努力，也可以蛻變成一隻白天鵝。

所以，面對自己的不足之處，不用過度批判、嚴格檢視，只要知道問題出在哪裡，下次有進步就好。重要的是，透過生活的體驗，覺察真正的自己：哪些是你的優勢？哪些是你的弱勢？就能找出此生的天賦，為自己創造一個與眾不同的人生。

Release your Stress

★要多了解朋友、長輩、情人眼中的自己，更重要的是，你心中所認知的自己。

★多給自己一點獨處的時間，透過閱讀與自己對話，深入靈魂底層，找出自己的原型。

★問問自己：「你想成爲像誰一樣的人？你不想成爲像誰一樣的人？」

面對挑戰激發潛能 v.s. 為了主管而換工作

「最沒阻力的道路，正是失敗者走的道路。」

——赫伯特・喬治・威爾斯（Herbert George Wells）

著名的成功學家安東尼曾經說：「信念就像指南針和地圖一樣，能夠替我們指引出想要實現的目標。一個沒有信念的人，就像缺少馬達的小汽艇，根本不能前進。由此可見，人生必須仰賴信念的引導。它能幫助你認定目標，鼓舞你去追求自己的夢想，從而創造出理想的人生。」

確實，在生活中，帶著破釜沉舟的決心和勇氣投入的人，往往能夠絕處逢生，柳暗花明。相反之下，有些人行事時則前怕狼、後怕虎，總是擔心受怕，因此很難獲得成功。因此，我們可以得出一個結論，堅定的信念能夠幫助你在困境之中堅持下去，

戰勝一切困難，勇敢地朝著自己的目標前進。

其實，生存是非常不易的，有很多問題需要我們去面對，有很多困難需要我們一一解決。假如沒有信念作為支撐，人們難免會感到非常迷茫。但是，假如你有著堅定的信念，那麼你就能夠在困惑的時候找到指引自己的明燈。

信念有一股神奇的力量，能夠賦予我們探索真理的動能，因此，有人說信念是打開人生大門的鑰匙。當然，在天堂和地獄之門同時敞開的情況下，人生的命運往往就由你的一念之差就決定了。

面對失敗，你是選擇放棄，還是選擇再接再厲？面對困境，你是選擇堅持，還是選擇逃避？面對困難，你是選擇臣服還是選擇勇敢地抗爭？在這些人生的緊要關頭，一念之差就決定了你的一生。可能，你曾經經歷過失敗，也犯過一些錯誤，但是，只要你不放棄，堅持努力，你就更接近人生的目標。

雖然機會並非人人均等的，有時候命運之神也無法妥善照顧到每一個人，但是，只要你堅定自己的信念，堅持不懈地努力，就一定能夠活出自己的精彩。每個人都應該記住，要想成為勝利者，紙上談兵是沒有用的，除非你本著信念的指引採取實際的行動。

喚醒心中沉睡的巨獅

一九六〇年二月二十九日，安東尼．羅賓斯（Anthony Robbins）出生於美國加州。因為他的家境非常貧窮，所以他在學生時代裡一直是一名貧窮潦倒的小夥子，到二十六歲的時候，他還住在只有十坪大小的單身公寓中，因為地方太小了，他不得不把浴缸充當碗槽。總而言之，當時的他生活一團糟，人際關係非常惡劣，前途暗淡無比。不過，在一個偶然的機會中，安東尼．羅賓發現自己的內心深處蘊藏著無限的潛能，自此，他的生活發生了很大的改變，他變成了一個充滿自信的成功者。

現在的安東尼是一位白手起家、事業有成的億萬富翁，與此同時，他也成為了當今世界上最成功的潛能開發專家之一。他協助無數企業總裁、國家元首、職業球隊激發潛能，幫助他們渡過人生之中的各種困境和低潮時期。

此外，他還曾經輔導過很多皇室的家庭成員，其中包括美國前總統柯林頓、戴安娜王妃等。當然，他也曾經為眾多世界名人提供諮詢，其中包括前蘇聯總統戈巴契夫、南非總統曼德拉、世界網球冠軍阿格西等知名人士。根據安東尼·羅賓的觀點，每個人的體內都隱藏著一頭沉睡的雄獅，只要把這頭沉睡的雄獅喚醒，你就能夠爆發出驚人的力量，人生也將從此與眾不同。

那麼，該如何做才能激發出自己的潛能呢？

首先，你必須找到人生的意義。你可以先問問自己：我人生的目的是什麼？人生在世，假如你想得到快樂，那麼你必須感受得到自己存在的重要性，假如你連自己人生的意義是什麼都不知道，那麼你難免會渾渾噩噩地虛過一生，根本沒有人生方向可言。

其次，你要為自己設定一個明確的目標。同樣可以透過一個問題找到自己的人生目標——我是誰？我想成為怎樣的人物？假如第一個問題是了解人生的意義和目的，那麼第二個問題則能夠幫助你找回自我。

每個人對自己都有期望，不同的是，有人的期望非常明確，堅定地希望自己成為某一種類型的人，但是有人的期望則處於尚未啟蒙的狀態，所以，他們並不確知自己想要成為一個怎樣的人。這些人雖然非常努力，而且也實現了一些人生的短期目標，諸如買房、買車等等，但是他們的快樂卻非常短暫，究其原因，是因為他們並沒有成為自己理想中的人。

最後一點也是非常重要的。在生活中，很多時候我們都面臨困惑，或者面臨著兩難的選擇。我們不知道哪種選擇是正確的？哪種選擇是順從自己的內心？這就要先了解自己的價值觀和人生信念。問自己：你有哪些價值觀和信念？搞清楚這個問題後，它才能夠在我們實現自己的人生目標和完善自我的過程中做出正確的取捨和判斷，從而避免偏離軌道。

總而言之，要想激發出自己的潛能，就要為自己制定一個長期的、明確的人生目標，並且要跟從自己的人生信仰和價值觀，這樣才能不斷地接近自己的理想。只要做到了以上各點，你就能夠激發出自己內心深處的巨大潛能，從而堅定不移地向著成功的彼岸前進。

用壓力彈出人生中最完美的奏章

人生就像一根弦，太鬆了，彈不出優美的樂曲；太緊了，容易斷裂，只有鬆緊合宜，才能彈奏出舒緩且優雅的樂章。進而可以悟出：適當的壓力，不僅是我們發揮潛能的刺激因素，更是讓我們挑戰自我的最佳助力。

大多聰明的人都懂得，適時而適度的壓力是成長的必備養分，更是推動我們人生成就的重要元素。

有位名不見經傳的年輕人，第一次參加馬拉松比賽便獲得冠軍，甚至還打破了世界紀錄。當他衝過終點時，許多記者蜂擁而上，不斷地問：「你怎麼能締造出這麼好的成績？」

年輕的選手氣喘吁吁地回答：「因為，我身後有一匹狼！」

聽他這麼一說，所有的人全都驚恐地回頭張望，當然，他身後根本沒有任何可怕的野獸。

這時，他繼續說：「三年前，我在一座山林間，訓練自己長跑的耐力。每天凌晨，教練就叫我起床練習，但是，即使我用盡了全力，卻一直都沒有進步。」

年輕人這時停下腳步，繼續說：「有一天清晨，在訓練的途中，我忽然聽見身後傳來狼的叫聲，剛開始聲音還很遙遠，但是沒幾秒鐘的時間，這聲音就已來到我的身後，當時的我嚇得不敢回頭，只知道逃命要緊。於是，我頭也不回地往前跑，就在那天我的速度居然突破了！」

年輕人喝了一口水後接著說：「教練當時對我說：『原來不是你不行，而是你身後少了一隻狼！』我這才知道，原來根本沒有狼，那是教練偽裝的。從那次之後，只要練習時，我都會想像自己身後有一隻狼正在追趕，包括今天比賽的時候，那匹狼依然追趕著我！」

如何激發自己的潛能，是許多人追尋的目標。為了發揮潛能，有人隨時調整自己的思考與習慣，讓自己面對更多的挑戰，並不斷地突破自己。

更有人把「吃苦當作吃補」，從各種挫折中，發揮堅毅的生命力，展現驚人的創造力。

與此同時，也有人遇到生活上的一點困頓就選擇放棄，例如：因為和主管不合而換工作，或是一點不滿就借題發揮，反應過度的情況下，把這些可激發潛力的壓力當成可怕的巨獸，避之唯恐不及，人生自然只能原地踏步

不管什麼時候，我們都要牢牢地記住，心胸有多寬闊，人生舞臺就有多大。當你的心能夠汲取這些挑戰帶來的人生成長，到哪裡都能闖出自己的一片天！

Release your Stress

★當你承受一定的壓力時，告訴自己：「有壓力，才有突破，這是我成長的最佳機會！」

★善用你的心靈想像力，想像自己成功後喜悅的表情，讓自己有勇氣再前進。

★想一想：什麼時刻你總是備受壓力？那就是你突破人生瓶頸的隘口。

生命如此短暫，
我們永遠不會知道自己何時會到終點站，
與其永遠寄望未來的成果，不如用心過好每一天。
「慢下來」的時光，可以讓你的心和身體合拍，
聽見心中的共鳴，
就知道今天人生的豐收或遺落了什麼，
清楚地覺知自己的下一步該往哪裡去。

Chapter 5

減緩「速成人生」刺激感，體悟值得珍藏的片刻美好。

簡單就是快樂 v.s. 不如預期就抱怨

「不要每天增加，要每天捨棄，功力高低就看能不能化繁為簡。」
——李小龍

古人曾經說過：「相由心生。」在生活中，我們只要看到一個人的相貌就能夠知道他過得幸福不幸福，以及他的內心是否充滿快樂，其實，這就是相由心生的原理，每個人的內心世界都會投射在他的表情上，這是無法偽裝的。

假如一個人總是心存善念，友好、寬容地對待身邊的人事物，那麼他的臉上就會充滿溫暖的光輝，讓人非常想親近他、信任他。相反地，有的人天生其貌不揚，假如他的內心又非常好勇鬥狠，那麼這種殘忍的本性也會顯現在他的臉上，讓人心生恐懼，恨不得躲得遠遠的。即使如此，這種相由心生的樣貌神情是可以改變的，只要讓自己的內心充滿善意，用欣賞的眼光檢視外在的世界，就算原本看來凶神惡煞之人，也會因心性調整後，臉部表情也看起來較為平易近人。

在生活中，常有很多人抱怨自己的生活缺少快樂，又充斥著太多的煩惱。究其原因，是因為他沒有打開自己的心房，用陽光的角度照亮外在的世界。試想，假如你總是帶著墨鏡去看待人事更迭，那麼你的生活中自然陰影重重；反之，假如你能夠以輕鬆快樂的心態去看待生活，去對待身邊的人事物，那麼充實的生活根本不假外求。

即使命運變幻無常，有許多事情的確都是我們無法掌控的，但面對這件事的態度與心境，卻是自己可以控制的。我們常常會看到有人總是不停地抱怨，抱怨自己在工作中受到了不公平的待遇，抱怨情人不夠體諒自己，抱怨生活壓力太大，甚至就連無法掌控的天氣，他們也會抱怨連天。假如在路上遇到堵車的情況，明明知道寸步難行，他們還是不停地狂按喇叭，最終的結果只會使自己的心情變得更糟糕，而且還被旁人投以不屑的眼光。實際上，只要認真想一想，我們就會發現，這種抱怨根本無濟於事，唯一的結果就是使自己越來越失意。

所以，當我們很在意生活為何不能順心遂意時，所要做的就是停下腳步、停止抱怨，認真地審視自己的生活，看看生活是否真的如此。

如此一來，你會發現自己之所以感到不順利，就是因為無視身邊的快樂，而被一味的抱怨遮蔽了眼和心。只要意識到這一點，你就會豁然開朗，了悟到用正面的角度去迎接生活，就會減輕許多不必要的心理負擔。

平凡的事物最彌足珍貴

一直以來，浩然都覺得很不快樂。每天早晨，他起床上班後，匆匆忙忙地吃完早餐後，還要照顧年幼的兒子，順路送兒子去幼稚園；在公司裡，他總是頭也不抬地埋首工作，但工作的壓力卻不減反增；下班回到家，即使妻子會下廚，但吃來吃去就是那幾樣，他越來越覺得生活沒什麼意義，對一切都感到索然無味。

某個週末的早晨，浩然突然覺得胸口發悶，於是妻子交待他好好在家休息，但是，妻子前腳才剛剛出門，浩然就在一陣天旋地轉之後暈倒了，不知道過了多久，他才漸漸地甦醒，但仍然全身虛弱無力。他一個人靜靜地躺在地上，卻感到非常害怕，那一刻，他突然感受到活著的點滴美好——每天可以送兒子去幼稚園，看著他健健康康地成長；每天晚上都能吃到妻子做的家常菜，甚至一家三口光是坐在一起看電視的畫面都令他感觸甚深。

後來，等到妻子回家之後，浩然讓妻子陪伴自己到醫院做了全身體檢，幸虧檢查完後，醫生認為他的身體沒有大礙，只是因為過度疲勞才導致暈眩。

第二天一早，浩然就去電向公司請了幾天的年假，決定帶著妻子和兒子一起去旅遊，放鬆心情。經過一段時間心態的調整，浩然就像變了一個人，他不再抱怨，而是以感恩的心態去面對生活的每一天。即使兒子依舊調皮搗蛋，他也覺得這是讓自己學著教育孩子的機會；即使妻子煮的菜不見得合他胃口，他也吃得津津有味。

浩然清楚地意識到，活著的每一天都是命運的賜予，更何況還有深愛的妻子和孩子陪伴身邊。面對工作，浩然也不再抱怨了，他學會了調節生活和工作之間的關係，他可不想讓自己再次因為過度勞累而暈倒，因為家人還需要他照顧呢！

了解生活真諦的浩然，自此以後變成了一個知足常樂的人，因為他知道比起世上許多人的生活，他的境況已經有過之而無不及了。

在現代生活中的忙碌步調下，每個人都承受巨大的壓力，每一天一睜開眼工作和生活的壓力就沉重地壓在每個人的肩上，如果未能調整好自己的心態，就會落入與浩然同樣的人生瓶頸中，雖然日子一天一天地過，但是自己卻失去了感知的快樂，甚至忘了自己這樣做到底是為了什麼。要知道，工作的目的是為了讓生活過得更好，而不僅是為了成就。假如工作無法替自己和家人帶來更加快樂幸福的生活，那麼就失去了努力的意義。

其實，快樂就像一隻蝴蝶，假如你想伸手捉住它，它就會展翅高飛；假如你能坐下來安靜地認真品味生活，那麼它反而會停留在你的身邊，因為快樂就在每個人的心中，只要停下匆忙的腳步用心感受。

禪宗曾解釋人生有三重境界：看山是山，看水是水；看山不是山，看水不是水；看山還是山，看水還是水。這是提醒我們不論如何努力追求，回過頭來才發現自己最深的需求其實是和最初自己想要的並無太大差異，只是在成長的過程中受到物質表相的迷惑，才會一時忘了該把心放在哪裡。

既然如此，何必捨近求遠，簡單的生活獲得快樂的來源也更簡單，如果把人生弄複雜了，自然覺得自己離幸福的境界如此遙遠，慢下來深度體驗每分每秒的難得境遇，那些複雜的事務也會隨著時間的過濾而逐漸消失，然後發現，我們要的幸福其實就在最簡單、最平凡、最接近自己的事物中，何必一再跑遠苦心追求？

Release your Stress

★不僅要慢活，更要樂活，生活品質不一定需要與物質欲望畫上等號。

★用心體驗簡單的快樂，每天一點一點累積，反而能增加對生命的敏銳度。

★凡事先爲自己而做，別考慮太多，就能減輕心中過度的負荷。

放慢生活回歸初心 v.s. 忙碌步調忘了初衷

「如果今天是我生命中最後的一天，我最想做的事情是什麼？」

——賈伯斯（Steve Jobs）

如今，人們的生活節奏越來越快。大家每天都行色匆匆，恨不得能夠一心多用，希望能夠在更短的時間內做更多的事情。隨著生活和工作壓力排山倒海地追趕，人們的臉部表情越來越緊繃，大家都在拼命地往前跑。其實，不妨靜下心來想一想，生活的意義是為什麼？工作的目的又是什麼？

不可否認，每個人之所以辛辛苦苦地工作，都是為了提高自己的生活品質，同時也為家人和孩子創造更好的生活條件。

現代社會中，很多白領階級日出而作、日落而息，每天天一亮就要起床趕通勤，晚上直到披星戴月的時候才能回到家中。在這種生活之中，許多人已經很久都沒有見到初生的太陽了，也很長時間都沒有欣賞過落日的餘暉了。

就在這種匆忙之中，人們的生命逐漸地流失了，直到有一天，才突然發現自己已然失去了生命的意義。這就是現代人的通病，整日庸庸碌碌，卻不知為何而忙？其實，要想改變這種現狀，有一個非常簡單的方法，就是逐漸放慢生活的腳步。

例如，不要把自己每日的行程排得滿滿的，如果工作的目的是為了讓生活變得更好，就不能把生活的時間全部投入工作。再者，工作之餘可以安排一些娛樂消遣，勞逸結合後的工作效率反而會更高。此外，還可以和朋友聚一聚，彼此相互激勵打氣都是很好的選擇。

因為，生活是一趟沒有終點的旅程，誰都不知道自己會在哪裡下車。因此，最重要的是過程，而不是結果。要想讓自己的人生了無遺憾，就要學會享受生活的樂趣，感受生活的美好。

假如你就像報名旅行團一樣上車睡覺、下車就衝到景點拍照，那麼，你根本沒有機會感受到沿途的風土民情，更感受不到任何出遊的價值。所以，我們必須學會慢下來，認真地看待生活本身的價值。其實工作是永遠也做不完的，所以不妨偶爾放放假，陪孩子一起學習和玩樂，見證他的成長；在工作的空檔中，不如給老爸、老媽打個電話，彙報自己近來的生活和工作的情況，要知道，對於父母而言，最希望得到的安慰就是孩子的幸福。如果能從家庭生活中得到支持的力量，你也會更有動力面對生活的挑戰，因為家人就是我們生命意義的一部分，只要慢下來、抽點時間好好與其分享生活的喜怒哀樂，再怎麼辛苦努力，你都能元氣滿滿地前進。

捨得，讓人生更值得

最近，曉玲在和老公杜強鬧彆扭。原來，杜強是一家房地產公司的主管，所以工作時間很不固定，必須讓客戶隨傳隨到，這讓杜強幾乎每天晚上都要十一點後才能回家，有時候甚至為了和客戶應酬，凌晨兩三點才能到家。假如是因為工作原因回家晚倒也是情有可原，最令人深感不解的是，杜強的主管明明知道平時員工就很辛苦了，卻總是在晚上九點的時候召集這些基層的小主管去開會。每當接到這種消息的時候，曉玲就氣得怒不可遏。

日積月累下，曉玲覺得自己快要承受不住了，一來是因為心疼老公總是凌晨一兩點鐘才睡覺，實在太傷身體了，二來是她必須一個人照顧家庭和孩子，每天都是形單影隻地一個人帶著孩子上學、出遊，每次看到別人一家三口其樂融融的樣子，她就會覺得非常寂寞。

某次，杜強又因為應酬客戶到凌晨兩點半才到家，曉玲實在忍不住了，就和疲勞不堪的老公大吵了一架。

曉玲問老公：「你這麼辛苦的工作到底是為了什麼？」

杜強非常不解地回答：「這還用問嗎？當然是為了你和孩子能過更好的生活。」

曉玲一本正經地告訴杜強：「一，我寧願物質的享受下降一些，只要一家人能夠常常聚在一起，我可不想看到你積勞成疾。二，既然你說工作的目的是為了讓我和孩子的生活過得更好，那麼我告訴你，我現在很不快樂，孩子的情況也好不到哪裡去。

我需要丈夫，孩子需要父親，我們不需要一個只知道賺錢的機器。」

聽到曉玲的話，杜強頗有感觸地說：「我理解你的感受，最近新店開張特別忙，等過了這段時間，我會多多抽出時間陪伴你和孩子的。另外，我也會多多注意自己的身體。」

果然，過了半個多月後，杜強終於把手邊的工作暫時告一段落了。他帶著曉玲和孩子去了動物園、植物園，還去參觀了海底世界，看著曉玲和孩子開心的笑容，杜強暗自下決心：以後不管多麼忙，都要抽出時間來陪伴老婆和孩子！

其實，工作是永遠忙不完的，即使你一直在忙，也還是會有大量的工作蜂擁而至。此外，不管你是為別人工作，還是自己當老闆，都不能讓工作占據你所有的生活，要知道，工作永遠不會比健康更重要。而且，除了身體的考量之外，我們還必須考慮到家人的感受。如何在家庭與工作之間取得巧妙的平衡，其實並不需要多麼費心，只要當家人需要你的時候，你能慢下腳步，陪陪他們，就會知道這真的不需要多花你太多時間，一點時間的駐足與陪伴，就能為自己和家人創造美好的回憶，而生命不就本該浪費在美好的事物上嗎？

生活有鬆有緊，生命就有彈性張力

第二次世界大戰期間，英國首相邱吉爾會見了陸軍元帥蒙哥馬利。閒談的時候，蒙哥馬利說：「我不抽煙，不喝酒，只要到了晚上十點鐘，我就會準時上床睡覺，因此，才能保持健康的體魄。」

但是，邱吉爾卻說：「我恰好與你相反，我既喝酒，又抽煙，而且我從來不準時睡覺，不過，我的身心也很健康。」

很多人都覺得簡直不可思議，邱吉爾身負兩次大戰的重任，是一位工作非常繁忙的政治家，再加上簡直毫無規律可言的生活，怎麼可能保持身心平衡呢？實際上，邱吉爾之所以能在戰爭的壓力下，依然能夠冷靜地審時度勢，就是他沒有為了工作與責任而放棄了原有的休閒嗜好。

即使是在戰爭期間最緊張的週末，邱吉爾也會堅持去游泳；在選舉白熱化的時期，他仍然像往常一樣堅持去釣魚；一下指揮所，他就投入到藝術創作中；他那微微皺起的嘴角，總是含著一支雪茄，這經典不羈的形象，就來自他對生活的堅持。

其實，只有懂得生活的人，才能更投入工作。假如盲目地忙，忘了休息，忘了享受生活，忙得身體罷工，那麼人生就失去了意義。如果放緩生活步調可以讓你回到初心，人生就在你懂得慢下來的那一刻獲得新生。

Release your Stress

★慢活不是拖延時間，而是在生活中找到一種平衡，慢慢咀嚼生活的每一個瞬間。

★向植物學習，日出而行光合作用，日落則行呼吸作用，留給自己喘息的時間。

★只要把工作量減少三成，把休閒時間增加三成，就是美好的一週。

耐心等待良機 v.s. 急躁建功求成

「偉大的工作，並不是用力量而是用耐心去完成的。」

——塞繆爾．約翰遜（Samuel Johnson）

為什麼很多人都想得到成功，但卻發現自己距離成功如此遙遠？因為他們過於急功近利，沒有耐性。

科學家在發明一件東西的時候，都要經過無數次的實驗，然後再不停地改進，最後再透過實驗來驗證。因此，他們的成功是建立在無數次失敗的基礎上才得來的。

很多人羨慕別人的愛情天長地久、刻骨銘心，殊不知在愛情達到此境界之前，他曾經陪伴情人度過了人生中最艱難的時刻，不曾抱怨，更沒有想過放棄。所以，這朵愛情的奇葩才能在苦難的人生中盛開。

有些人羨慕別人的工作輕鬆，薪水又高，殊不知，所有最後能夠位居高位的人，一定具有專業的過人之處，或是擁有很好的學歷，而不管是學歷還是技能，都是透過數年的苦讀或是苦練才能得到。但絕大多數人總是想一蹴可即地獲得成功，總是想在一夜之間就擁有奢華的愛情，總是想擁有更好的職位、更高的薪水，然而，他們卻沒有耐心去學會等待和陪伴，於是總與美好的事物無緣。

美國前總統尼克森曾經說過：「勝利的道路是迂迴曲折的。」所以，走這條路的人自然需要很大的耐心和毅力。感到累了就放棄的人，是不會得到勝利的。

如果你真的希望自己也有機會過著那樣令人稱羨的美滿生活，唯一需要磨練的就是耐性，因為機會往往就在等待之中逐漸萌芽。透過這段耐心等待的時間，可能讓你遇到穿針引線的貴人，或是有些問題可能隨著時間消逝也不復存在。

別忘了，收穫最豐的獵人往往是最甘於等待的那一個，如果你在機遇還沒出現之前，就放棄了，那麼自然怪不得機遇總是與你擦身而過了。

不僅僅是面對事情的時候我們要具備足夠的耐心，對人也是如此。或許，別人的表現沒有你所期望的那麼好，或許，他的進步沒有你所期望的那麼快，或許，他不理解你或者誤解了你，讓你受到了傷害。這個時候，如何是好？是放棄自己對他的期望，還是把他對你的傷害牢記在心，甚至老死不相往來？

其實，你只要給彼此多一點時間就能看清真相、了解這個人的本質了。很多時候，不經過一些事情，我們並無法真正地了解到這個人的優勢或劣勢，但只要你願意再多花一些時間，時間之神一定會讓答案浮出檯面，根本無需你焦急費心。

沒有耐性，機會也失之交臂

阿哲在一家電腦公司已經工作五年了，五年來，他始終任勞任怨。他所在的行銷部門包括他在內只有五名員工，還有一名主管，總計六人。近來，隨著公司的業務越來越大，部門的人手明顯不足，最糟糕的是，主管後來還跳槽到其他公司了。

因為整個部門中目前就數阿哲資歷最老，業績也始終比較穩定，因此大家都認為他會接任主管的職務。不過，某天晨報會議後，總經理宣布讓阿哲先暫時兼任部門主管的工作，並無正式升遷通知。雖然如此，阿哲還是信心滿滿地想：也許總經理只是在考驗我，否則這個位置除了我，還有誰更合適呢？

自從主管離職之後，他們部門的工作更繁重了，尤其是阿哲，既要承擔主管的工作，又要做原本的工作。在短短一個月的時間裡，他瘦了六公斤。然而，一個月之後，主管並沒有如大家所預期的那樣升任阿哲為部門主管。對此，他也非常納悶。不過，雖然心有疑慮，他還是決定再觀察一個月。

很快地，兩個月的時間又過去了，主管似乎把阿哲當成了牛馬使喚，還不知道要餵草。在兩個半月之後，阿哲突然提出了辭職，他突然覺得總經理根本不想要升任他為部門主管，只是撿便宜想讓他一個人做兩個人的工作而已。

離職之後，一個偶然的機會，阿哲打電話給原來公司的同事，同事接到電話後非常驚訝地說：「你為什麼突然離職呢？公司原本準備三個月之後就升任你為部門主管。公司之所以遲遲沒有宣布，是因為主管發現你們的部門人手不夠，所以正在抓緊時間招聘新員工，以便在擴展部門之後直接升任你為部門經理。」

聽到同事所言，阿哲的臉色瞬間變得非常鐵青。只差半個月，假如他能繼續耐心等待半個月，那麼他就能抓住千載難逢的機會成為部門經理，而現在的他卻整日奔波於求職的機會之中，以便能夠找到一份福利薪資既如往昔的新工作。

很多時候，勝利就在不遠處等著你。假如阿哲能夠多一點耐心，多等待半個月，那麼迎接他的將是無比美好的前途。由此可見，不管什麼時候，我們都不必對結果太心急，只要耐心地認真工作，耐心地善待身邊的人，說不定，意外的驚喜很快就會來到你的身邊！

Release your Stress

★集中精力做一件事，不要一件事沒做完又去做另一件事。

★挑自己感興趣的事做，這樣更容易堅持到底，成功的次數多了，耐心就增強了。

★以你最佳的體力和智力完成各項工作，這通常是對耐力最好的考驗。

#　靜下心傾聽可能性 v.s. 打斷發言滔滔不絕

「耳朵是通往心靈的道路。」

——伏爾泰（Voltaire）

在做人的藝術中，「大智若愚」不失為一門值得用心探討的人際相處技巧。真正聰明的人有才不外露，而是伺機而動，尤其當自己羽翼還未豐時，更要懂得韜光養晦，這是保存實力、積蓄能量的重要手段，即使胸懷野心也不必要昭告世人，暴露後你會成為別人進攻的標靶，唯有隱晦才能幫你引開那些敵對的目光。

生活中有一些看似平庸的人，實際上一點也不平凡，他們對於什麼都心知肚明，只是覺得不必要將心中任何想法搞得人盡皆知，但卻很有耐心地傾聽他人的想法，藉以找出解決問題的方法。這種低調行事的人，實際上才是真正的智者。

多看多聽少說話，別輕易暴露自己的想法

很久以前，在中國的北部有兩個部落之間發生了戰爭。結果一個部落被打敗，勝利的部落首領決定殺死敵人部落裡所有十歲以上的男性族人，但有一個十四歲的男孩卻倖免於難。

這個男孩雖然已經十幾歲了，但看起來很愚鈍，當首領將矛刺向他的時候，他仍然傻乎乎的，好像不知道對方是要殺了他，不知求饒，更不知反抗和逃跑。另外一名士兵心存不忍，就阻止了首領。於是，男孩與其他十歲以下的男童，被當作奴隸倖存下來。

事實上，這個男孩並不是什麼傻子，非但不傻，而且智慧超群，他的名字叫關山，在他二十九歲的時候，他率領本族人最終殺敗了他的仇敵，報了血海深仇。

關山因為隱藏了內心的智慧，混淆敵人的視聽，才讓敵人高抬貴手，讓自己生存下來。試想，當初若不是他裝出愚鈍之貌，早就死於仇家之手了，哪來以後的報仇雪恨？

古今中外，一些過分張揚、鋒芒畢露之人，不管功勞多大，官位多高，最終多數不得善終，這是盡人皆知的歷史教訓：因為一旦過度賣弄自己的本事，很可能會招來別人的厭惡，甚至可能會為此付出慘痛的代價。

如果你能多看、多聽、少說話，就能在同樣的事物中，更敏銳地察覺出別人看不到的關鍵，既然掌握了關鍵，自然更能找到成功的入口，讓自己不鳴則已，一鳴驚人。

從傾聽中，抓住關鍵的價值

曾經有一位科學家做了一項調查研究：科學家把保險銷售員中成績最好的百分之十和業績最差的百分之十作了一下對比，結果發現兩者的業績相差確實很大。那麼，受過同等訓練的人，為什麼會產生如此大的差異呢？科學家又針對他們在推銷時的說話時間作了調查研究，結果發現：業績差的人，每次推銷時的說話時間平均為三十分鐘，而業績最好的那一群人，每次推銷時的說話時間平均只有十二分鐘。

為什麼只說十二分鐘的銷售員卻比說三十分鐘的業務取得更好的業績呢？

其實道理很簡單，正因為他們說得少，所以聽得時間也就多了。在他們傾聽的過程中，就會獲得很多有利銷售的資訊，並且，可以思考、分析顧客各方面的資訊，然後，他們就可以針對顧客的各種疑惑，揣測顧客內心的想法，從而找出解決問題的方法，這樣一來，自然而然就會創造出優秀的業績。

古語有云：「不得其而言，謂之失言。」在競爭過程中，如果你想成就一番事業，你就一定要以高標準來要求自己，讓自己真正地做到「敏於事而慎於言」。

Release your Stress

★學會傾聽，是對別人最好的尊敬。

★傾聽他人，就是學會另一種人生經驗，那是不必花代價就能取得的寶物。

★先學會傾聽自己的心，才知道如何傾聽他人的心。

苦難淬鍊成長 v.s. 老是怕吃苦

「苦難與挫折是上帝化了妝的祝福。」

——法拉第（Michael Faraday）

對於每一個人來說，生命都是極其短暫的。不論是富人還是窮人，不管是用金錢還是求神拜佛，我們都無法使自己多活一秒鐘。既然我們無法改變生命的長度，就應該想辦法改變生命的寬度和厚度。人生的苦難，恰恰能夠扮演此關鍵。

人的生命就像名貴的香料，必須在烈火焚燒中才能夠散發出最濃郁的芳香。苦難就是這種烈火，使人們在其中得以提煉昇華。因為有了苦難，我們更加珍惜幸福的滋味；因為有了苦難，我們才更加愛自己、愛別人，珍惜與每一個親人和朋友之間的緣分。

很多時候，苦難能使一個人產生決定性的蛻變，使一個怯懦的人變得勇敢，使一個軟弱的人變得堅強，使一個優柔寡斷的人變得意志堅定。所以面對苦難的時候，千萬不要害怕退縮，能夠迎接生活的考驗，更能萃取生命的智慧！

苦難，讓生命更顯光芒

小慧的人生之路非常坎坷，她自幼就失去了母親，在父親的撫育下長大。這使她非常自卑，而且漸漸地封閉了自己。大學期間，她和同學們幾乎沒有什麼往來，總是一個人獨來獨往。然而，一個特殊的機會使她意識到自己無須妄自菲薄。

原來，小慧的班上有一位叫小敏的女孩人緣特別好，她的臉上總是掛著微笑，給人如沐春風的感覺。看著每天都精力充沛、心情愉悅的小敏，同學們都非常喜歡和她交朋友。對此，小慧卻非常不以為然，她想，小敏肯定有一個幸福的家庭，所以才會每天都這麼幸福洋溢！

然而，有一次，老師在統計家庭成員的時候，小慧無意間看見小敏只寫了一個阿姨的名字，讓大家深感疑惑不解。最終，他們多方打聽下才知道，小敏是一個孤兒，從小就是在育幼院長大的。她填寫的阿姨其實是育幼院的老師。

得知這個消息的時候，同學們都深受震撼，尤其是小慧。她原本以為自己是最不幸的，卻沒有想到還有比自己更不幸的人！看著小敏積極樂觀的生活態度，小慧不由得反思自己。很快地，她和小敏成為朋友，某次她問小敏：「生活如此不幸，為什麼你還這麼樂觀？」

小敏笑著說：「正是因為生活的不幸，我才能夠擁有現在的人生。我感謝那些幫助過我的人們，我要好好地努力，成為能替別人帶來幸福的人！」

小敏的話使小慧若有所思。是啊！失去了母親已然不幸，假如不好好地活著，給父親再增加煩惱，那豈不是對不起死去的母親和所有愛自己的人嗎？從此以後，小慧處處像小敏學習，大學畢業的時候，她們一起以優異的成績畢業了。因為生活的歷練，使她們更加勤奮努力，抱此信念下，等待著她們的必然是更美好的未來！

泰戈爾曾說：「生命，因為失去愛而擁有更多的愛。」同樣的道理，苦難能夠讓一部分人超越自我，且擁有一份特殊的生命體驗和精神財富。既然苦難是無法避免的，與其哀歎面對，不如積極地戰勝苦難。對於生活而言，苦難的俘虜是最沒有資格擁有幸福的，只有那些戰勝苦難的人才有機會成為「人生勝利組」。

Release your Stress

★以肯定、沉著穩重的態度面對困境，助力往往就潛藏在困境中。

★學習放下一切得失，就會幫助自己找到從生命之井中脫困的工具。

★挫折就是財富，不經風雨，人生難見彩虹。

活在當下的美好 v.s. 活在過去與未來的美夢

「不悲過去，非貪未來，心繫當下，由此安詳。」

——釋迦牟尼

對於未來，每個人都有無限的憧憬，也有屬於自己的曾經，然而，活在當下卻是讓自己能夠珍惜過去、擁抱美好未來最簡單的處世之道。

所謂活在當下，就是放下心中的憂慮，快樂地享受和把握此時此刻的生活。活在當下的人不會因為過去的事情而無限懊悔，因為他們知道過去的已經永遠過去了，不可能再次來過，重要的是把握現在。

活在當下的人也不會因為憧憬未來而活在虛幻的世界之中，他們知道，即使夢想中的未來再怎麼美好，也需要人們為之不懈地努力，最終才能夠把夢想變成現實。總而言之，活在當下意味著無憂無悔地面對生命。對曾經發生過的事不作無謂的思索與計較，因此無悔；對未來會發生什麼不作無謂的想像與擔心，因此無憂。

不管是多麼美好的事物，都會成為過去，不管是多麼美妙的未來，假如不努力終究會成為水中花，鏡中月。

縱觀古往今來，那麼多英雄來去各有各的腳本，不同的宿命，隨著時間的流逝，他們已經悄然遠去，成為永遠的歷史。此時此刻，只有我們站在舞臺上，在燈光映照的區域中，努力地扮演著各自的角色。

確實，人生就像是一場正在上演的舞臺劇，每個人只有一次站上舞臺的機會。因此，不要因為哀歎過去而錯過此時，不要因為憧憬未來而浪費手中的寶貴光陰。唯有把握現在，人生才會更加精彩，你才能夠盡情地綻放！

昨天恍如前世，明天恍如來生，唯有今天才是現世

浩銘和朱志都是剛剛畢業的大學生，一起應聘進同一家公司。他們倆都畢業於

名校，而且所學專業相同，所以理所當然地被分到了同一個部門，擔任專案策畫的工作。

某次，在一個專案項目中，浩銘和朱志因為經驗不足，設計的專案出現了嚴重的失誤，為此，他們各自寫了一份深刻的檢討報告交給主管。

發生這件事情之後，浩銘更加努力了，他在工作中加倍認真，加倍用心，暗自發誓一定要避免不讓上次的失誤再次發生。他知道，自己一定要表現更好，才能夠挽回主管心目中的印象，而使自己在職場上得到更好的發展。

後來，浩銘接連在幾個專案中表現都非常出色，博得同事一致的好評，同時，也使得主管不由得對他刮目相看，相信那次失誤只是一次例外而已。

但是，朱志的表現卻和浩銘恰恰相反。

自從上次在專案中出現失誤之後，朱志就責備自己，埋怨自己。因為感到主管因為一次的失敗不再信任自己了，他萬分沮喪，工作起來始終無法集中精力，導致錯誤接連不斷。而且，因為擔心同事們懷疑自己的能力，所以朱志一見到同事就和同事訴苦，反思自己，責備自己。

剛開始的時候，同事們還會好心地安慰他、鼓勵他，但是倒苦水的次數多了，同事們見到他就紛紛閃避。

結果可想而知，試用期結束的時候，浩銘順利地轉成正職了，但是朱志則被主管辭退了。

浩銘和朱志同為剛剛畢業的大學生，同樣的專業，同時進入一個公司，但是因為一個錯誤，他們的命運卻走向了截然不同的方向。

浩銘之所以能夠取得成功，主要是因為他能夠在吸取經驗之後，忘記之前的不快，努力地做好自己現在應該承擔的事情，而朱志呢？他則始終活在那個錯誤之中無法自拔，最終導致現在也成為了過去的翻版。他們最終的命運也就成為了定局。

不管是在工作中還是在生活中，我們都應該從過去之中儘快走出來，這樣才能真正融入此刻的生活，好好地把握現在！

要知道，昨天的我是今天自己的前世，明天的我就是今天自己的來生。毋庸置疑，我們的前世已經無法重來一次了，就讓他隨風而去吧！為了擁有自己想要的來生，我們最明智的做法就是把握今天！

Release your Stress

★珍惜當下身邊擁有的一切，也專注於眼前正在做的事情。

★當下即永恆，每個當下的意念與力量就決定了一切。

★活在過去會後悔，活在未來會憂慮，只有活在當下方能安住心。

跨越出版沒門檻！實現素人作家夢！

一本書、一個夢，為自己寫一本書

寫書與出版實務班，全國唯一、保證出書！

適合參加對象

- ✓想出紙本書的人
- ✓想出電子書的人
- ✓一直被出版社拒絕的人
- ✓想當出版社編輯、主編，甚至總編輯的人
- ✓同業想偷學的人
- ✓對圖書行銷有興趣的人
- ✓對出版流程有興趣的人
- ✓對開出版社有興趣的人……

新·絲·路·網·路·書·店 silkbook.com 洽詢專線（02）8245-8318

台灣從事出版最有經驗的企業家＆華人界知名出版家 王擎天 博士

～不藏私傳授～

本課程二大特色

一、保證出書

二、堅強授課陣容

三、堅強輔導團隊

躋身暢銷作者四部曲

- ▶如何企劃一本書
- ▶如何撰寫一本書
- ▶如何出版一本書
- ▶如何行銷一本書

本班**課程內容**最完整實用！

本班**講師陣容**最強而有經驗!!

本班**輔導團隊**後續指導一整年!!!

本班**主辦機構**橫跨兩岸出版集團!!!!

只要你願意，
暢銷榜上也可能是你！

www.book4u.com.tw　www.silkbook.com

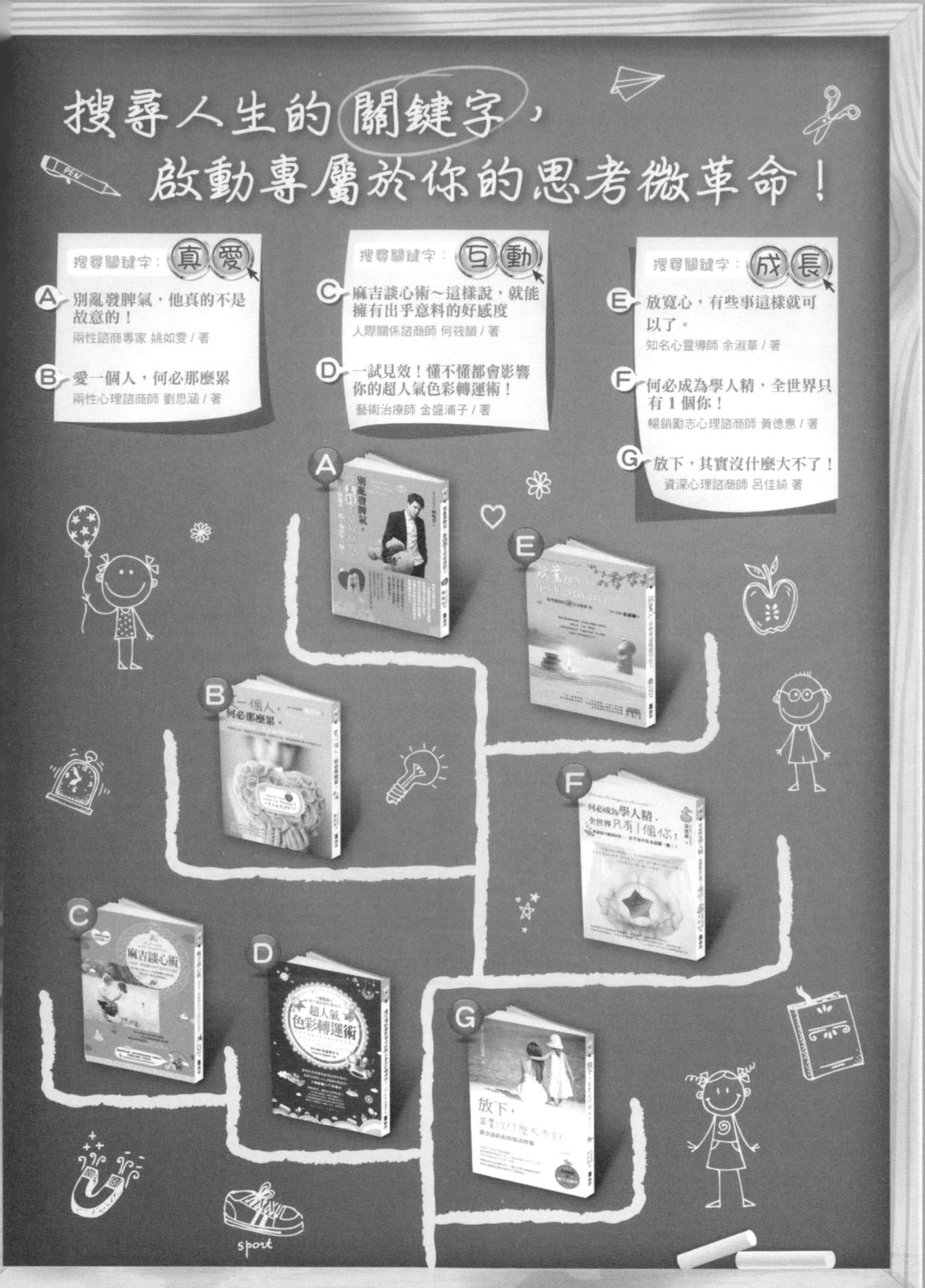

華文聯合出版平台 www.book4u.com.tw

啟思出版。

【我思，故我在。滿足每一位讀者對心靈探索的渴求】

啟思出版以兼具探索心靈、啟發自我為理念，持續於心靈勵志、自我成長、兩性各領域不斷深耕。積極尋找符合當代讀者心靈食糧、有助自我提升的議題，長期以來，了無數優質及市場性並具的作品，因此能在百家爭鳴的心靈勵志出版領域中，於各大出路、普羅大眾心中建立起質精的良好形象，更經常在各大連鎖書店的排行榜上名列前茅。

因為啟思出版的用心經營，讓啟思的心靈勵志類作品一出版就成為國際版權炙手可詢問度極高的圖書商品，無異也是國際書市對啟思出版最大的讚譽。而讀者與市場的反也讓啟思更用心策畫每一本作品。未來啟思將本著「滿足每一位讀者對心靈探索的渴求宗旨，以更豐富多彩的出版品，回饋全球讀者熱情期盼的目光。

★新書宣傳常配合舉辦各種贈獎活動，受到讀者熱烈回響！

★新書上市即銷售告捷、再版不斷！受邀到各大連鎖書店陳列曝光！

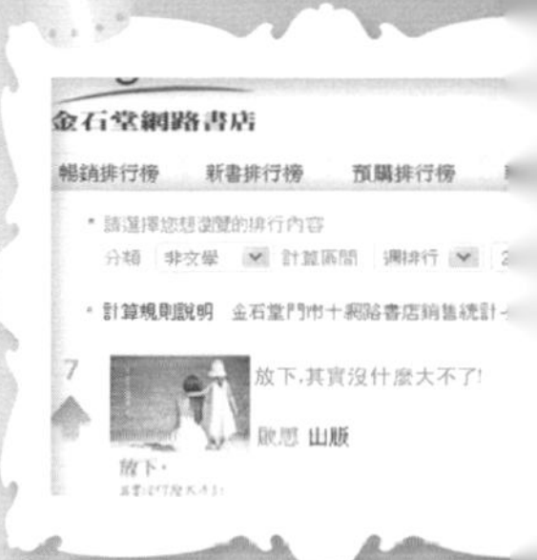

★新書出版即刻登上全台最大書店通路排行榜！

~啟發心靈的能量，
思考人生的質量~

揮別過往陰霾，改變從心開始，

啟思陪你一同見證生命的奇蹟！

★ 送一本給自己，也送一本給你最在乎的人 ★

陪自己談心

自己，就算一個人又
樣！》

者：姚如雯
價：220元

《消消氣，別跟自己過不去》

作者：黃德惠
定價：220元

《哭完就好，事情哪有這麼嚴重！》

作者：長澤玲子
定價：220元

《盡力就好，天塌下來又怎樣！》

作者：金盛浦子
定價：220元

《惡魔讀心術：算命師都在用的秒殺觀人術！》

作者：內田直樹
定價：220元

《惡魔讀心術2：讓小人都靠邊閃的秒殺破心術！》

作者：內田直樹
定價：220元

累積成長能量

不完美，才能看見真幸
福》

作者：黃德惠
定價：220元

《不計較，感謝那些利用你的人》

作者：黃德惠
定價：220元

《愛一個人，何必那麼累。》

作者：劉思涵
定價：220元

《感謝曾經折磨你的人》

作者：姚如雯
定價：220元

《不委屈，才能愛得更完整》

作者：陳欣兒
定價：220元

《愛情中千萬不要做的50件事！》

作者：陳欣兒
定價：220元

For me
懂得擁抱心中
受傷的小孩，
才能成為真正堅強
的大人。

啟思　新絲路網路書店 silkbook.com　啟思　新絲路網路書店 silkbook.com　啟思　新絲路網路書店 silkbook.com　啟思　新絲路網路書店 silkbook.com　啟思

國家圖書館出版品預行編目資料

減心念，捨得讓人生更值得! / 黃德惠 著. -- 初版.
-- 新北市 : 啟思出版, 2013.12
面； 公分
ISBN 978-986-271-410-2 (平裝)

1.修身 2.生活指導

192.1 102017104

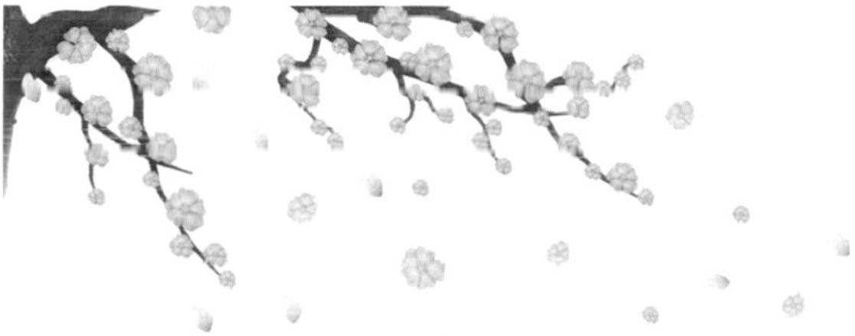

減心念，
捨得讓人生更值得！

啟思 Cheese Group

減心念，捨得讓人生更值得！

出 版 者 ◤啟思出版
作　　者 ◤黃德惠
品質總監 ◤王寶玲
總 編 輯 ◤歐綾纖
文字編輯 ◤劉汝雯
美術設計 ◤蔡億盈
內文排版 ◤新鑫電腦排版工作室

本書採減碳印製流程
並使用優質中性紙
（Acid & Alkali Free）
最符環保需求。

郵撥帳號 ◤50017206 采舍國際有限公司（郵撥購買，請另付一成郵資）
台灣出版中心 ◤新北市中和區中山路 2 段 366 巷 10 號 10 樓
電　　話 ◤(02) 2248-7896　　　傳　　真 ◤(02) 2248-7758
I S B N ◤978-986-271-410-2
出版日期 ◤2013 年 12 月

全球華文市場總代理 ◤采舍國際
地　　址 ◤新北市中和區中山路 2 段 366 巷 10號 3 樓
電　　話 ◤(02) 8245-8786　　　傳　　真 ◤(02) 8245-8718

全系列書系特約展示
新絲路網路書店
地　　址 ◤新北市中和區中山路2段366巷10號10樓
電　　話 ◤(02) 8245-9896
網　　址 ◤www.silkbook.com

線上 pbook&ebook 總代理 ◤全球華文聯合出版平台
地　　址 ◤新北市中和區中山路 2 段 366 巷 10 號 10 樓
主題討論區 ◤www.silkbook.com/bookclub　　● 新絲路讀書會
紙本書平台 ◤www.book4u.com.tw　　● 華文網網路書店
電子書下載 ◤www.book4u.com.tw　　● 電子書中心 (Acrobat Reader)

華文自資出版平台
www.book4u.com.tw
elsa@mail.book4u.com.tw
ying0952@mail.book4u.com.tw

全球最大的華文自費出版集團
專業客製化自資出版．發行通路全國最強！